奈良時代の大造営と遷都

宮都と寺院の実像を探る

小笠原好彦

吉川弘文館

はしがき

平城京は、和銅三年（七一〇）三月に、大和盆地の南におかれた藤原京から、その北端部に遷された都城である。前著『平城京の役人たちと暮らし』では、平城京を舞台として奈良時代の役人たちの仕事や生活の実像を紹介した。本書では、さらに視野を広げて国司・郡司と地方行政をになった役人たちや、中央から離れた対馬国・隠岐国の実像についても述べている。

また、奈良時代の平城京へ遷都する以前の都だった藤原京に採用したモデルを、隋唐の長安城と比較して検討した。この藤原京は、日本で初めて造営した本格的な都城で、しかも藤原宮の宮城門や建物に瓦葺きした王宮であった。その藤原宮に葺く瓦を生産し、供給した体制は、平城宮とは著しく異なるものであった。

奈良時代、聖武《しょうむ》天皇は即位すると間もなく平城宮・京に加えて難波宮・京を造営した。さらに、その後の数年間、恭仁宮《くにのみや》・京、甲賀宮《こうかのみや》へと遷都を繰り返し、平城宮・京へ都を戻している。これは唐の制度の複都制を採用したことによるものであっり、この間の盧舎那《るしやな》仏《ぶつ》（大仏）の造立も、唐の洛陽城を模したものであった。

本書では、このような聖武天皇による都の変遷と盧舎那仏（大仏）の造立に焦点をあてて述べ、この大仏造立に携わった工人たちと、それに費やした銅や金の供給の実態を具体的に述べている。また、大仏造立に協力した民間僧の行基《ぎようき》の活動にも言及した。

また、奈良時代の都の平城京には、藤原京や飛鳥から大安寺・薬師寺・元興寺が移転し、藤原氏の廐坂寺《うまやさかでら》も移転して興福寺を造営したように、京内に多くの寺院が建てられた。このような平城京での寺院の造営も、最新の発掘成果をふまえて具体的に紹介することにした。

さらに、古代の道に立てられた告知札《こくちふだ》や墳墓に副葬された墓誌にともなうテーマなども取り上げ、古代の都市で営んだ人々の生活の実像を、著者の平城京での発掘調査の体験を踏まえて述べている。その新たに明らかになった古代社会のすがたを、読者と共有できれば幸いである。

目　次

第三章　平城京と寺々の世界

第一章

古代の役人たちと地域の社会

1　地方の行政を担った国司

国司の構成とその実務

古代の地方行政は、中央官衙《かんが》（平城宮など）から各地の国衙《こくが》に派遣された国司が担当した。古代の各地の国は、税を負担する正丁《せいてい》の数によって、大・上・中・下・小国にわけられていた。そして、朝廷から、守《かみ》・介《すけ》・掾《じょう》・目《さかん》の四等官の官人と、その下に史生《ししょう》と呼ばれる書類をもっぱら作成する書記官が派遣されていた。

国守は、地方に設けた国衙《こくが》（役所）に勤務し、その国の行政のすべてを担当した。『養老職員令《ようろうしきいんりょう》』によると、その国の神社の管理、戸籍の作成と管理、農耕の勧業、訴訟、租《そ》・庸《よう》・調《ちょう》の徴収、出挙《すいこ》、軍団の兵士の徴集、雑徭《ぞうよう》による使役、駅家《うまや》の管理、過所《かしょ》（通行許可書）の発行、国衙の内部に構築した倉庫・器財庫と備品の管理などがあった。

陸奥国・出羽国・越後国については、その北部に生活する蝦夷《えみし》に対する饗宴《きょうえん》、征討、斥候《せっこう》（間諜のこと）の任務があり、また美濃国は不破関《ふわのせき》、伊勢国は鈴鹿関《すずかのせき》、越前国は愛発《あらちの》関《せき》の管理を担っていた。

各地の国衙には、派遣された国司らとともに、在地の正丁らが負担した雑徭（年に六〇日）によって出仕する人たちが任務にあたり、政務に関連することを分担することになっていた。この政務は、現在の県庁に相当するもので、多様な職務があり、じつに多くの人たちがかかわっていた。これらの職務に関連する規定は残っておらず、その実態は明らかでない。しかし、弘仁一三年（八二二）に雑徭を中止した年にだされた閏九月二〇日付の「太政官符」には、これらの職務を雑徭で担うことができないので、国衙の費用で支払う員数が記されている。それをみると、大国の場合は、四度使《よどのつかい》である朝集使《ちょうしゅうし》の雑役四人、大帳税所の書手一八人、紙造人六〇人、筆造人二人、墨造人一人、書類の装丁人六人、木簡と箱を造る人六人、器具を作る人一人、使い走り三二〇人、正倉の管理一二人、葛蔓を採る人二人、国司の従者一人と使用人四人を採用することが許可されている。上国以下の国は、これより少ない員数を同様に公費で採用し、政務につかせている。

発見された役所跡・国衙

これらの国衙で政務を担う職員は、曹司《ぞうし》と呼ばれる役所の部署の施設で、職務にかかわっていた。この国衙に設けられた役所の建物などの配置は、絵図などが残っていないいた

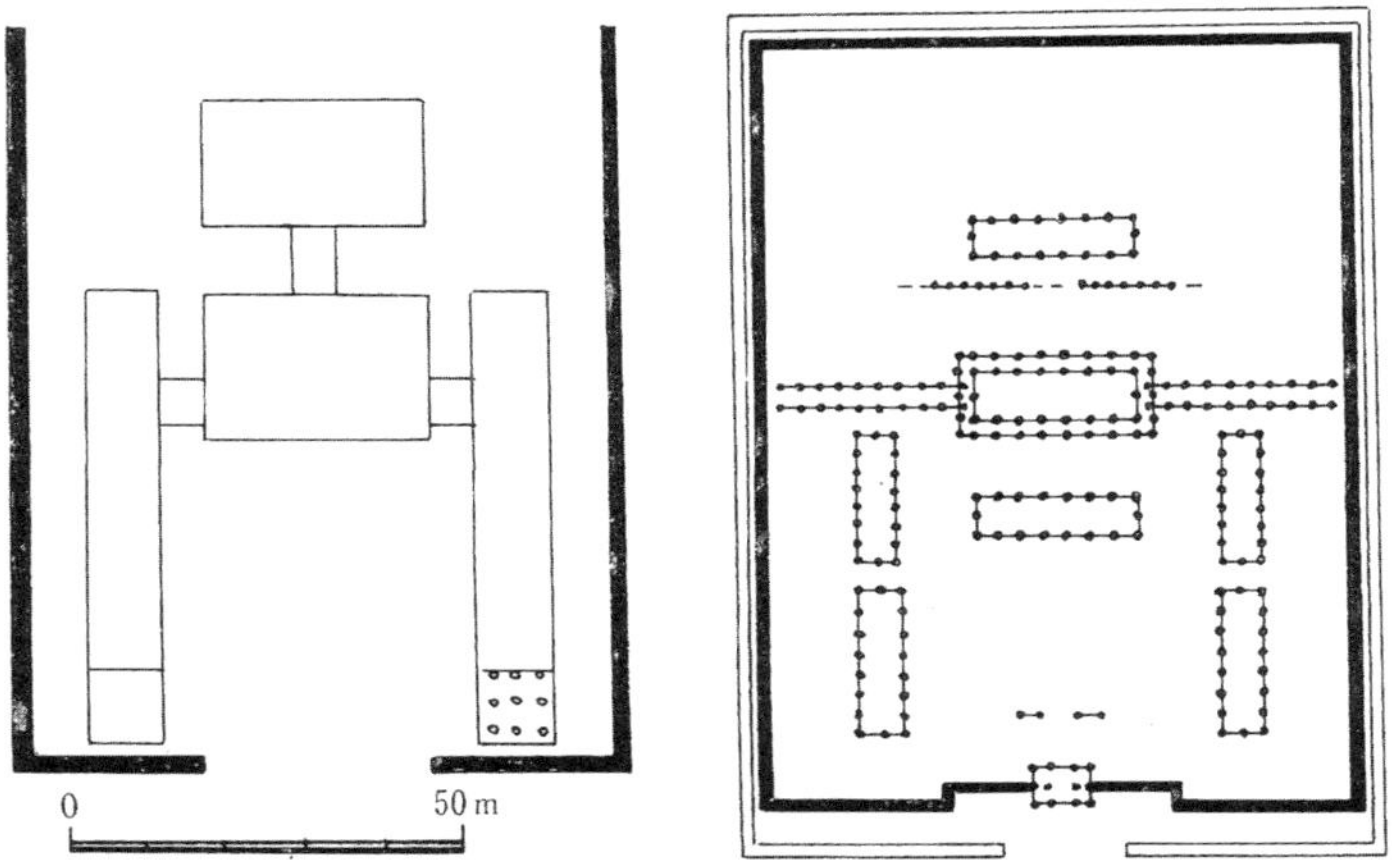

図1　国庁跡の殿舎配置　左・近江国庁跡、右・肥前国庁跡
（山中敏史『日本古代官衙遺跡の研究』塙書房、1994年）

め、これまでほとんど明らかでなかった。しかし、一九六三・六五年（昭和三八・四〇）、滋賀県大津市瀬田で近江国庁跡が発掘された。この国庁跡では、国衙の中心となる政庁の一郭が見つかっている（図1・2）。ここでは中央部の北に東西棟の正殿と後殿を南北に配し、その東西に長大な南北棟の脇殿を構築していた。この政庁で重要な国衙の政務を担い、また、正殿前の広い内庭で郡司や郷長《ごうちょう》らを集め、しばしば通達する諸儀式がおこなわれたのである。

その後、このような国衙は、宮城県で陸奥国の多賀城《たがじょう》跡、鳥取県倉吉市で伯《ほう》耆《き》国庁跡、栃木県で下野《しもつけ》国庁跡、佐賀市で肥前国庁跡（図1）、三重県鈴鹿市で伊勢国庁跡など政庁の遺構が発掘されている。また、政庁外の場で国衙の官人らが政務を担った曹司の施設の一部も、伯耆国衙跡、近江国衙跡などで検出されている。

図2　近江国庁跡

国衙の建物配置

これまで見つかっている国庁跡の殿舎配置をみると、近江国庁跡のように、東西棟の正殿、後殿とそれに長大な南北棟の脇殿を配したものと、伯耆国庁跡・下野国庁跡・肥前国庁跡のように、正殿の前（南）に前殿の建物を配したものとがある。この前殿は、正殿と同じ桁行《けたゆき》（間口）ながら、梁行《はりゆき》（奥行）は二間の簡素な建物である。しかし、政庁の中心建物である正殿の前に前殿を配した場合、儀式をおこなう際に、正殿の威容を示す視界を遮ることになったと考えられる。

そこで、なぜ正殿の前に、このような前殿

を配したのかを考える必要がある。この前殿は、肥前国庁跡・下野国庁跡・伯耆国庁跡の遺構をもとに作成した模型をみると、前と後の面は吹き抜けとし、側面のみ壁を設けた建物として復元している。この建物は、側面もまったく壁のない、しかも軒もごく低い、テントの役割をはたす建物ではなかったかと推測する。そして、この四面を吹放《ふきはな》しにした建物の下に国司らが南面して立ち並び、その南に郡司ら、ときには郷長らも立ち並び、朝廷から送付されてきた多くの通達を口頭で読み上げ、説明したものと思われる。その通知する間、南面して立ち並ぶ国司らにそそぐ日光を遮ることが必要だったと推測されるのである。そして、より古い時代には、古墳の形象《けいしょう》埴輪《はにわ》に顕著に配された蓋《きぬがさ》が、首長らにさしかけられ、儀式の場でこの役割をはたしたものと思われる。

大国の近江国守を務めた藤原武智麻呂

さて、ここで国守の数人を取り上げると、奈良時代のはじめ、藤原《ふじわらの》武智麻呂《むちまろ》は、和銅四年（七一一）に従五位下に叙されると、その翌年六月に近江守に赴任した。そして、霊亀二年（七一六）五月、近江守に在任中に、氏寺と仏法の復興を政府に言上し、その見解が採用されている。

その後、武智麻呂は、平城宮の官人に戻り、昇進し続け、右大臣となったが、天平九年

（七三七）七月に天然痘《てんねんとう》で没している。

陸奥国守として東北経営に携わった大野東人

大野東人《おおののあずまひと》は壬申《じんしん》の乱のとき、近江朝の将軍だった大野果安《はたやす》の子である。この東人は、養老三年（七一九）正月、従五位下に昇進している。そして、神亀元年（七二四）、海道（太平洋側）の蝦夷が反乱すると、藤原宇合《うまかい》を持節《じせつ》大将軍とする征討軍とともに派遣され、この反乱を平定している。この征討に派遣された際に、東人は陸奥国守となり、この年に陸奥の国衙を、仙台市の南の長町にあった郡山《こおりやま》遺跡から多賀城に移している。そして鎮《ちん》守《じゅ》将軍を兼ね、一五年ほど東北経営にかかわっている。

その後、東人は朝廷に戻り、天平一一年、参議になっている。ところが、その翌年九月早々に、大宰府管内で藤原広嗣《ひろつぐ》の乱が起きると、これを鎮圧する大将軍として派遣され、この反乱を三ヵ月で鎮圧し、その後は従三位まで昇進している。

赴任地で多くの歌を詠んだ越中国守・大伴家持

大伴家持《おおとものやかもち》は、天平一七年正月、近江の甲賀宮《こうかのみや》で従五位下に叙されている。そして、翌年の六月、日本海と立山連峰を眺めうる越中国の国守に任じられ、赴任している。家持は国守に着任すると、まず越中国内を巡行する任務についた。その際に、多くの歌を詠んでおり、『万葉集《まんようしゅう》』巻一七に収録されている。その一首に、新川《にいかわ》郡で延槻《はえつき》川を渡るとき、

立山の　雪し消《く》らしも　延槻の　川の渡り瀬　鐙《あぶみ》漬かすも

（巻一七―四〇二四）

と、立山の雪が消え、増水によって鐙が濡れたことを詠んでいる。

また、国守は任国の主だった神社に詣でることが必要だった。そして、越中国の一宮であった気太《けた》神宮を参詣するため海辺を訪れた際に詠んだ、

志雄道《しおじ》から　直《ただ》越え来れば　羽咋《はくい》の海　朝なぎしたり　船梶《ふねかじ》もがも

（巻一七―四〇二五）

という歌が収録されている。

さらに、能登半島の北端部の珠洲《すず》郡を訪れ、大沼郡に帰るとき、

珠洲の海に　朝開きして　漕ぎ来れば　長浜の浦に　月照りにけり

（巻一七―四〇二九）

と詠んでいる。ここは二〇二四年の元日早々に大地震によって大被害を受けた能登半島の北端部にあたるが、この地域を船で巡行した際の歌を収録している。

その後、家持は朝廷の官人に戻った。しかし、天平宝字元年（七五七）に、藤原仲麻呂《なかまろ》

を暗殺し、さらに光明《こうみょう》皇太后・孝謙《こうけん》天皇を退位させる陰謀である橘《たちばなの》奈良麻呂《ならまろ》の変に、大伴氏の一族である大伴古麻呂《こまろ》・池主《いけぬし》らがかかわったことから、翌年に因幡守《いなばのかみ》に赴任させられている。そして、その任地の因幡で詠んだ、

新しき　年の初めの　初春の　今日降る雪の　いやしけよごと

（巻二〇―四五一六）

の歌が『万葉集』に収録された最後の歌になっている。

善政をおこない昇進した出雲国守・石川年足

さらに、国守に任じられた一人に石川年足《いしかわのとしたり》がいる。年足は蘇我氏の末裔《まつえい》氏族である。第四章で詳述するように、天平七年四月、従五位下に叙され、出雲国守として赴任した。天平一一年六月、年足は任国で善政をおこなった国司として表彰されている。その後、年足は順調に昇進・昇叙している。そして、天平勝宝元年（七四九）七月、従四位上に叙されると式部卿となり、また皇后宮職《こうごうぐうしき》を改組した紫微中台《しびちゅうだい》に加わった。そして藤原仲麻呂が紫微令《しびれい》となり、年足はその次官の紫微大弼《だいひつ》を兼ねている。

さらに、年足は大宰帥・神祇伯・兵部卿・中納言などを歴任し、天平宝字四年に御史大《ぎょしだい》夫《ふ》（大納言）となったが、その二年後の九月三〇日、平城京の自宅で没している。七五歳

であった。年足は、行政に精通し、藤原仲麻呂政権を行政面でよく支えた人である。そして、律令の施行細則である式をまとめて編纂する必要性を説いており、みずから『別式』二〇巻を編纂した。これが後に『弘仁式』編纂のもとになり、さらに『延喜式』として完成している。年足が没した二年後の九月、藤原仲麻呂政権は、孝謙上皇側によるクーデターによって倒されている。そのときまで年足が存命だったなら、かれの評価にも大きく影響したであろう。年足は唐の墓制にもよく通じており、没したときの墳墓には墓誌も副葬されている（第四章2を参照）。

2　郡の役所と郡司の仕事

郡司の構成とその実務

古代の地方行政は、中央から派遣された国司と在地で任用された郡司が担っている。『日本書紀《にほんしょき》』は、大化の改新によって各地に郡を設けたと記している。しかし、近年の研究では、栃木県の「那須《なす》国造碑《こくぞうひ》」に評督《こおりのかみ》と記すように、最初に設けた地方の区分は「郡」ではなく、「評《こおり》」の文字を使用したものだった。また、新たに任じられた役人は、評督、もしくは評造《こおりのみやつこ》などと呼ばれている。

そして、一九六七年（昭和四二）、藤原宮跡の発掘で、「己亥年十月上挟《かずさ》国阿波評《あわのこおり》松里」などと記載した木簡が出土し、『大宝令』を施行する以前には「評」、大宝令施行後は「郡」と記したことが明らかになっている。

古代におこなわれた郡の行政は、在地で採用した郡司として、大領《だいりょう》・少領《しょうりょう》・主政《しゅせい》・主《しゅ》帳《ちょう》の四等官が政務を担っていた。これらの官人のうち、大領・少領・主政は行政を担当し、主帳は文書を作成する書記が任務であった。また大領と少領を合わせて郡領《ぐんりょう》とも呼んでいる。

郡司らは、郡にかかわる政務の全てをおこなったが、とりわけ租《そ》・庸《よう》・調《ちょう》に関連する税の徴収が重要な任務だった。そして、租・庸・調のうち、租は災害に備えて不動穀《ふどうこく》として郡の役所である郡衙《ぐんが》の正倉で管理し、調と庸を中央へ貢進した。また税を徴収する元となる戸籍・計帳を作成し、さらに地域の治安を維持するなど、じつに多岐にわたる職掌を担うものであった。

郡の役所の構成

各地の郡司らは、それぞれ郡内に設けられた郡衙（郡家）の諸施設を拠点として民政の職務を担っている。この郡衙の施設は、長元三年（一〇三〇）に書かれた『上野国交替実録帳《こうづけのくにこうたいじつろくちょう》』によると、上野国の各郡はいずれも、郡庁・正倉・館《たち》・厨《くりや》から構成されている。これらのうち、郡庁は郡衙の中心的な位置を占め、郡の重要な政務を担い、また諸儀式をおこなうところであった。ここで国司から指示された通達の内容を郷長・里長らに伝えている。

また正倉は、民衆から徴収した租の税を収納し、それらを不動穀として管理した倉庫群であった。館は郡司らが宿泊した宿舎、時には中央の官人や国司らが訪れた際の宿舎として使用された施設である。また厨は、諸儀式にともなっておこなう饗宴や館の調理にかかわる施設である。

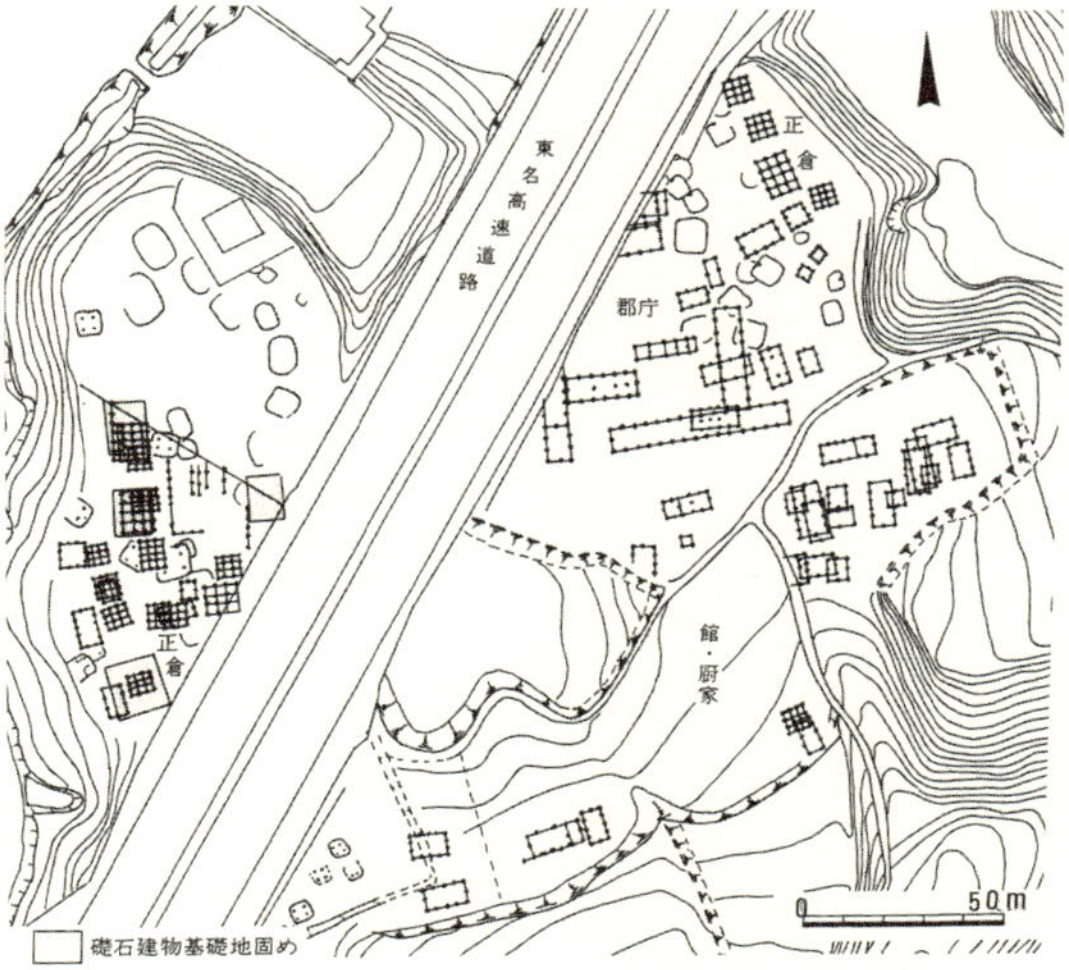

図3　神奈川県長者原遺跡
（武蔵国都築郡衙、条里制・古代都市研究会編『日本古代の郡衙遺跡』雄山閣、2009年）

発掘された郡の役所跡

このような古代郡衙に関連する遺跡は、これまで六〇余ヵ所が発掘されている。その一つの神奈川県横浜市の長者原《ちょうじゃはら》遺跡（武蔵国都《つ》筑《づき》郡衙）では、台地の北部に郡庁、その東南や南に館・厨、西に倉庫群を配したほかに、郡庁の北側にも倉庫が一部建てられている。これらは政務を担う書類や器財を収納したものであろう（図3）。

また、滋賀県栗東市の岡《おか》遺跡

（近江国栗太《くりもと》郡衙）では、東側に長大な建物を四辺に配し、その中央に正殿を配した郡庁を設け、その西に倉庫群を建てた正倉を設けている。そして、この正倉の南に隣接して大型の南北建物が検出された一郭があり、館として設けたものと推測されている。

さらに三重県四日市市の久留倍《くるべ》官衙《かんが》遺跡（伊勢国朝明《あさけ》郡衙）では、遺跡の北部に正殿が東面し、付属する長大な建物を配した郡庁、その東に多くの倉庫を配した正倉院、また正倉院の東北部で館・厨が検出されている。ほかに、郡庁の近くにも倉があり、これは長者原遺跡と同様に、書類や器財を収納したものと推測される。これらの郡衙の建物は、国衙の建物と異なり、いずれも瓦を葺《ふ》かない掘立柱建物が建てられていた。

郡の職務を担った人びと

古代の郡衙には、郡司らとともに多くの政務を担った郡雑任《ぐんぞうにん》と呼ばれる人たちが職務にあたっていた。この郡雑任は、税の一つである雑徭《ぞうよう》として、年に六〇日、それぞれの地域から交替で勤務した職員であった。国衙の記述の際に記したように、弘仁一三年（八二二）、この年、雑徭を停止したことから出された閏九月二〇日付の「太政官符」によると、国衙と同様に、郡衙でも職務をおこなうため、書類を作成し、処理する郡書生《しょしょう》・案主《あんず》（書記）、租・庸・調の税務にかかわる鉤取《かぎとり》・税長・徴税丁・調長・服長《はとりちょう》・庸長・庸米長など、さらに駈使《はせつかい》・厨長・厨の駈使・器作《うつわつくり》・造紙丁・採松丁・炭焼丁・採藁丁・秣《まぐさ》丁などの職種を採用している。

これによって、郡衙では、書記の部門、租・庸・調を徴税する部門、正倉を管理する部門（図4）、郡衙で使用する大量の木簡などを製作する職種、炭や紙、松明《たいまつ》を造る職種、さらに乗馬に必要とする馬の飼育、さらに駅家の運営と伝馬《でんめ》（通信）を担当する職種の人たちが職務を担っていたことがわかる。これらの雇用された員数は、最少の員数であったと考えられるので、通常は、それ以上の多くの郡雑任が職務にあたり、しかも、それぞれの部門では、年間を通して雇用され、職務に当たる職員も少なくなかったものと推測される。それなしには、郡衙の重要な職種をおこなうことは不可能だったであろう。そのため、新たに班給するための水田などによって、郡衙は財源を有していたものと思われる。

図4　郡衙の正倉院
（奈良国立文化財研究所飛鳥藤原調査部編『藤原宮と京　展示案内』1991年）

郡司はどのように任用されたか

古代の郡衙で政務を担った郡司は、それぞれの地域の有力氏族が任用されている。この郡司の任用は、『続日本紀《しょくにほんぎ》』天平七年（七三五）五月二一日条によると、郡司を採用する選考は国司が担っているが、その選考とは別に、難波に都があった孝徳朝以来の譜第《ふだい》の者を四・五人選び、その名簿を式部省に送らせている。そして、これまで郡司の職を担当していない者でも、役人として優れた能力のある者、あるいは仕事の処理に優れている者がいるならば、その人の名を記した書類を添え、国衙の朝集使《ちょうしゅうし》に託して式部省に送るようにと命じている。

この郡司の任用は、大領と少領では、同姓の者を任用してはならないとされていた。また、『養老選叙令《ようろうせんじょりょう》』に記された「郡司条」には、郡司の採用は、「先ず国造をとれ」と記しており、かつて国造をになった氏族を優先して採用するのをたてまえにしている。

しかし、その後、『続日本紀』天平勝宝元年（七四九）二月二七日条は、郡領の任用に際し、国司は代々その地域の有力氏族の系譜をもつ譜第の氏族のうち、優劣や能力、一氏族内の上下などの関係、年齢などをもとに、その候補者を選んで式部省に申請する。そして候補者に対し、口頭試問を実施して採用することを述べている。また、それには譜第の家柄を選ぶようにし、しかも譜第の氏族でも、さらに本宗家を選んで任命するようにし、分家である傍系氏族は採用しないように指示している。

郡司の実例

ここで、各国の地方官だった郡司の諸例を少しみると、『万葉集《まんようしゅう》』巻一九に、大伴家持が大帳使《だいちょうし》として都へ出発し、越中国射水《いみず》郡の大領の安努君《あののきみ》広島の屋敷の門前にある林で、餞別の饗宴が催されたとき、かれが詠んだ歌が収録されている。これによると、郡衙には郡司らが宿泊する館（図5）があるが、射水郡の大領は自宅の屋敷から郡衙に通っていたことがわかる。

図5　静岡県御子ケ谷遺跡の館復元
（駿河国志太郡衙、筆者撮影）

近江国では、栗東市岡遺跡から栗太郡衙跡が見つかっていることは前述した。この栗太郡には、古墳時代の前期に北谷一一号墳と呼ぶ全長一〇五メートルの前方後円墳が築造され、その後も首長墳がここに系譜的に造られている。この地は後の小槻山君《おづきやまのきみ》の本拠で、奈良時代でも郡領を担っており、『正倉院文書《しょうそういんもんじょ》』天平八年八月二六日付の「内侍司牒」に、郡司の一族の小槻山君広虫が采女《うねめ》として後宮に出仕している。

また、『続日本紀』天平一六年八月五日条によると、近江湖東の蒲生《がもう》郡の大領だった佐々貴山公親人、神前《かんざき》郡の大領の佐々貴山君足人が四月に紫香楽《しがらきのみや》宮の近くで起こった山火事に対する消火作業にあたったことを記している。この蒲生郡、神前郡とも、佐々貴山君が郡司を担っていた。さらに、愛智《えち》郡では、八世紀から九世紀代の郡領は、同族の任命は避けることをたてまえとしながらも、いずれも渡来系氏族の依智秦公が担っており、少なからず特異な地域であった。五世紀に山背の秦《はだ》氏の一族がこの地域に入り、宇曽川流域の一帯を開発したというこの地域の固有の歴史と深く関連している。

これと類した例に、筑前国の宗形《むなかた》郡がある。宗形郡の郡領は、いずれも胸形君（宗形朝臣）が担っている。七世紀末の天武《てんむ》・持統《じとう》朝に登場する高市《たけち》皇子は、天武天皇と采女《うねめ》であった宗形郡の有力氏族である胸形君徳善の女の尼子娘《あまこのいらつめ》を母とする天武の皇子であった。

舎人の実績をもとに郡司への採用を上申

さて、この郡司の任用に際しては、譜第の子弟が中央の朝廷で舎人として勤務した実績をもとに、その採用を求めた場合もある。

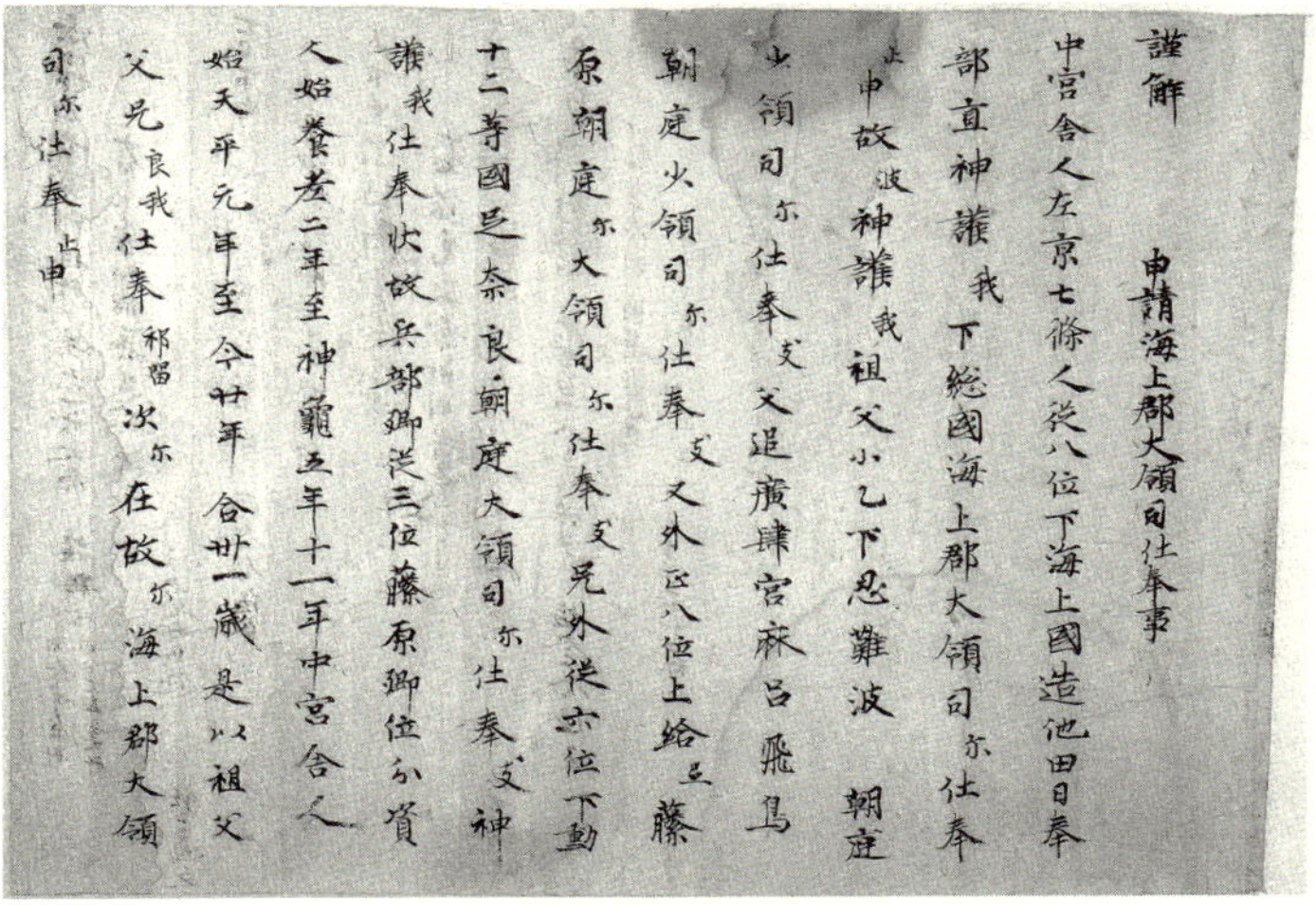
謹解　申請海上郡大領司仕奉事
中宮舎人左京七條人従八位下海上國造他田日奉
部直神護我下総國海上郡大領司尓仕奉
止申故波神護我祖父小乙下忍難波朝庭
少領司尓仕奉支父追廣肆宮麻呂飛鳥
朝庭少領司尓仕奉支又外正八位上給弖藤
原朝庭尓大領司尓仕奉支兄外従六位下勲
十二等國足奈良朝庭大領司尓仕奉支神
護我仕奉状故兵部卿従三位藤原卿位分資
人始養老二年至神亀五年十一年中宮舎人
始天平元年至今廿年合卅一歳是以祖父
父兄良我仕奉祁留次尓在故尓海上郡大領
司尓仕奉止申

図6　他田日奉部直神護の上申書
（正倉院文書）

天平二〇年とされる文書によれば、下総国海上《うなかみ》郡の他田日《おさだのひ》奉部直《まつりべのあたい》神護《じんご》は、祖父が難波朝廷で、父は飛鳥・藤原朝廷で、兄も奈良朝廷で郡領を担っている譜第の氏族であった。そして、神護は平城京で藤原麻呂の資人《しじん》として養老二年（七一八）から一一年間、中宮舎人として天平元年から二〇年、合わせて三一年間勤務したので、海上郡の大領への任用を上申する文書が『正倉院文書』に収録されている（『大日本古文書』巻三―一四九・一五〇、図6）。

このような神護の家系や、彼の朝廷で勤務した実績からみて、神護は海上郡の大領に任じられたのは間違いないであろう。

3　古代の道と駅家

官道と駅家

奈良時代には、現在の国道と同様に、各地に中央の都と西国、東国の諸国をつなぐ官道が設けられていた。この官道を経由して国司をはじめとする役人らが各地の国衙《こくが》へ赴任し、また往来するために、各地に駅家《うまや》を設定していた。『養老軍防令《ようろうぐんぼうりょう》』によると、この駅家は、諸国の官道に三〇里ごとに設置している。ただし、古代の一里は近世の一里と異なり五五〇㍍《メートル》なので、ほぼ一六㌔《キロ》ごとに設置することになっていた。

この駅家は、駅馬の利用を許可された駅使の役人らが公務で往来する際に利用する駅馬《えきば》を常備した施設であった。ここは、役人らが乗る馬と、役人らに宿泊、休憩、食事などを提供した。これらの駅家には、平城京から大宰府《だざいふ》への山陽道の大路《だいろ》は二〇疋、東海道・東山道の中路《ちゅうろ》は一〇疋、それ以外の小路《しょうろ》は五疋の馬を備えていた。

駅家の設備と駅子

駅家には、乗馬する駅馬とともに、鞍《くら》などの馬具、さらに利用を許可された駅使《えきし》のために、蓑《みの》・笠なども備えていた。そして、各国の駅家を円滑に運営し、管理するために、駅家の運営を支える駅戸を設けていた。この駅戸から選ばれた駅子《えきし》のうち、経済的に豊かで、しかも身体の強健な者を選んで駅長に任じていた。

選ばれた駅子は、いつでも馬に乗れるように駅家で駅馬を飼育し、さらに駅家の運営を支える所定の駅田を耕作しながら、駅家の運営を支えていた。また、駅子らは駅使を駅家で待機し、訪れた際には駅使の役人らに駅馬を提供し、駅子一名がつぎの目的地の駅家まで道案内役をつとめるとともに、もう一名の駅子が駅馬と駅使の官人の警護にあたっている。そして、支障なくつぎの駅家に着いたとき、それまで駅使が乗ってきた駅馬を駅子が元の駅家に設けている厩舎まで連れて戻るのが任務であった。

このような古代に設けた諸国の駅家は、国司が管轄した。この駅家には、駅長や駅子らが業務を担うための駅庁舎、派遣された役人の駅使らが休憩や宿泊する複数の駅館《やつかん》の建物、駅子が馬を飼育する厩舎、井戸、秣《まぐさ》を収納する小屋、厨、駅稲を収納する倉庫、馬具や蓑・笠などを収納する倉庫などの諸施設を設けていたものと推測される。

そして、中央の官人や諸国の国衙に勤務する役人らは、公務によって官道を往来する際は、朝廷から駅家の駅馬を利用することを許可する駅鈴《えきれい》が支給された。現在まで伝承された駅鈴二個が隠岐の隠岐家宝物館に保管され、展示されている。これは正方体で、幅五・五チセン、高さ六・五チセンの鈴状をしており、「駅」と「鈴」の文字を刻んでいる。この駅鈴は使用する役人らの位階によって使用できる駅馬の数に差異があり、支給する駅馬の数を刻んでいた。そして、駅家を利用する駅使の役人らは、駅鈴を鳴らしながら往来したのである。

平城京遷都にともなう新設の駅家とルート

『続日本紀』和銅四年（七一一）正月五日条には、大和南部に営まれた藤原京から大和の北端の平城京へ遷都したため、新たに山背国相楽《さがらか》郡に岡田駅、綴喜《つづき》郡に山本駅、河内国交野《かたの》郡に楠葉《くずは》駅、摂津国嶋上《しまのかみ》郡に大原駅、伊賀国阿閉《あえ》郡に新家《にいへ》駅を設けたことなどを記している（図7）。これらの設置された駅家をみると、山陽道・山陰道のルートに山本駅、山陽道ルートに楠葉駅・大原駅、東海道ルートに岡田駅・新家駅を設けている。そして、これらの新設した駅家によると、平城京から東山道のルートは、大津を経て琵琶湖沿いに東へ進み、また東海道ルートは、現在の木津川市の加茂町から木津川に沿いに東へ進み、阿閉郡から伊勢国、尾張国へ、山陽道ルートは楠葉駅家から淀川を越え、大原駅家を経て西へ瀬戸内沿いに進んで九州へ向かったことがわかる。

駅家の外観

各地に設けられた官道では、都と大宰府をつなぐ山陽道が最も重要だった。『日本後紀』大同元年（八〇六）五月一四日条に、山陽道の駅家は蕃客《ばんきやく》（外国人）の使節が往来するので瓦葺きにし、白壁の駅館にしていたことを述べている。しかし、この山陽道の駅家の駅館を、いつから瓦葺きにし、また白壁に整備したのか、その時期は明らかでない。これを直接示す史料はないが、古代の駅家の研究を積極的に進めた高橋美《よし》久二《くに》氏によると、『続日本紀』天平元年（七二九）四月三日条に、山陽道の駅家の財源として駅起《えきき》稲《とう》五万束を充当したことを記しているので、このとき、駅館を整備したものと推測している（高橋一九九五）。

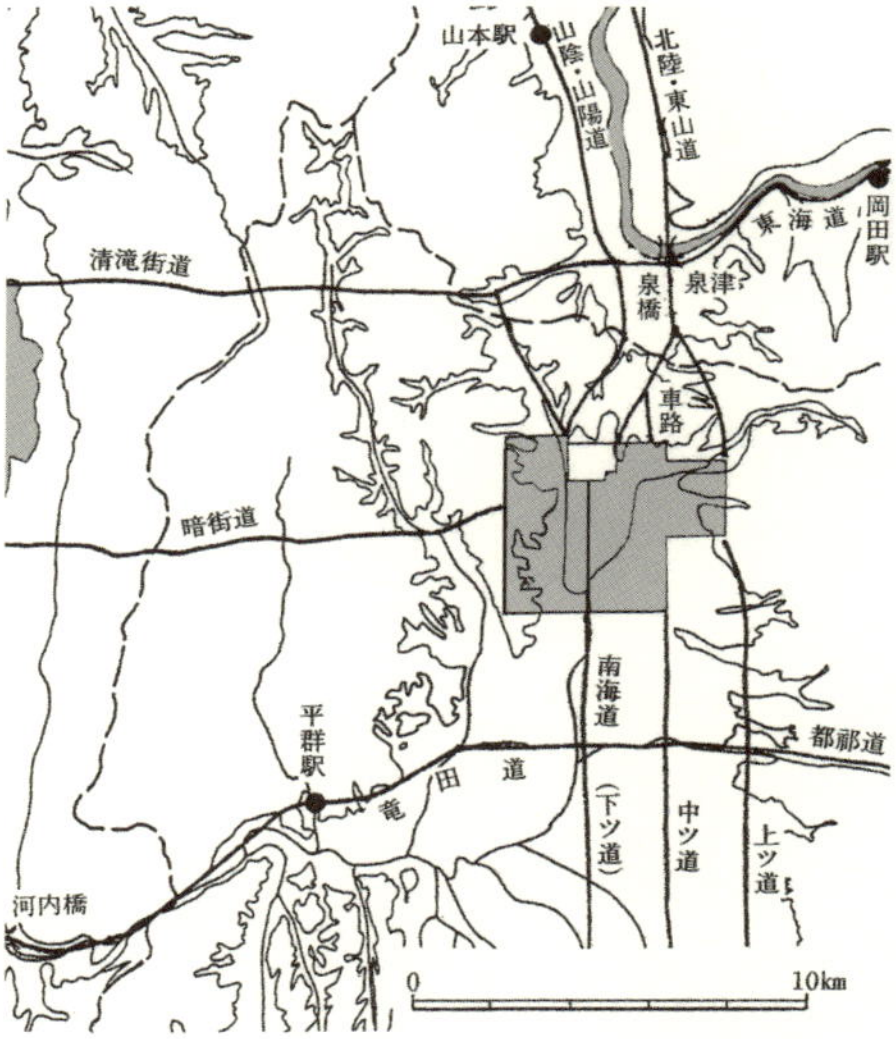

図7　平城京と陸・水路
（高橋美久二『古代交通の考古地理』大明堂、1995年）

　また高橋氏は、藤原武智麻呂の伝記を記した『家伝《かでん》』下に、神亀年間の武智麻呂の功績として、京と諸国の駅家を瓦葺きにし、朱塗りや白壁にしたことに注目する。そして、『続日本紀』神亀元年（七二四）一一月八日条は、平城京の五位以上の役人と庶民にも、家屋を瓦葺き、朱塗りや白壁にすることを励行しているので、このときに、山陽道の駅家の駅館も外観が整えられたものと推測している。

さて、『延喜兵部省式《えんぎひょうぶしょうしき》』には、各地に設けられた四〇二の駅家を列記している。このように多くの駅家名を記しているが、これは宮都が平安京へ遷都した以後の駅家である。これには奈良時代に平城京があった大和には官道が通過していないので、除かれている。

発掘された駅家跡

これまで駅家跡が発掘された例は乏しく、ごく限られている。そのいくつかをここで紹介すると、その一つに、兵庫県たつの市の小犬丸《こいぬまる》遺跡がある。小犬丸遺跡では八〇メートル四方に築地《ついじ》をめぐらし、その中で瓦葺きし、礎石《そせき》建物を配した駅館院を構成する七棟の建物が検出されている（図8）。ここでは、北辺の中央部に東西棟の正殿があり、その東西に六棟の南北棟建物が見つかっている。この駅館院跡の東二〇〇メートルでも、掘立柱建物や井戸などが検出され、「布勢駅戸主」と記した木簡も出土しており、小犬丸遺跡は、山陽道の布勢《ふせ》駅家の一部に推測されている。

また、兵庫県赤穂郡上郡町の落地《おろち》遺跡では、山陽道の野磨《やまの》駅家が見つかっている。この遺跡では、東西六八メートル、南北九四メートルの瓦葺きした築地がめぐり、その内部の中央部と北辺部に礎石建し、瓦葺きした東西棟建物を配し、その東西にも南北棟の礎石建で瓦葺きした建物を建てていたものと推測されている。

　このように、山陽道の二つの駅家の駅館跡では、瓦葺きし、礎石を利用した建物を設けていたことがわかる。しかし、これらの他に駅馬に関連する厩舎の建物や駅稲を収める倉などが設けられてい

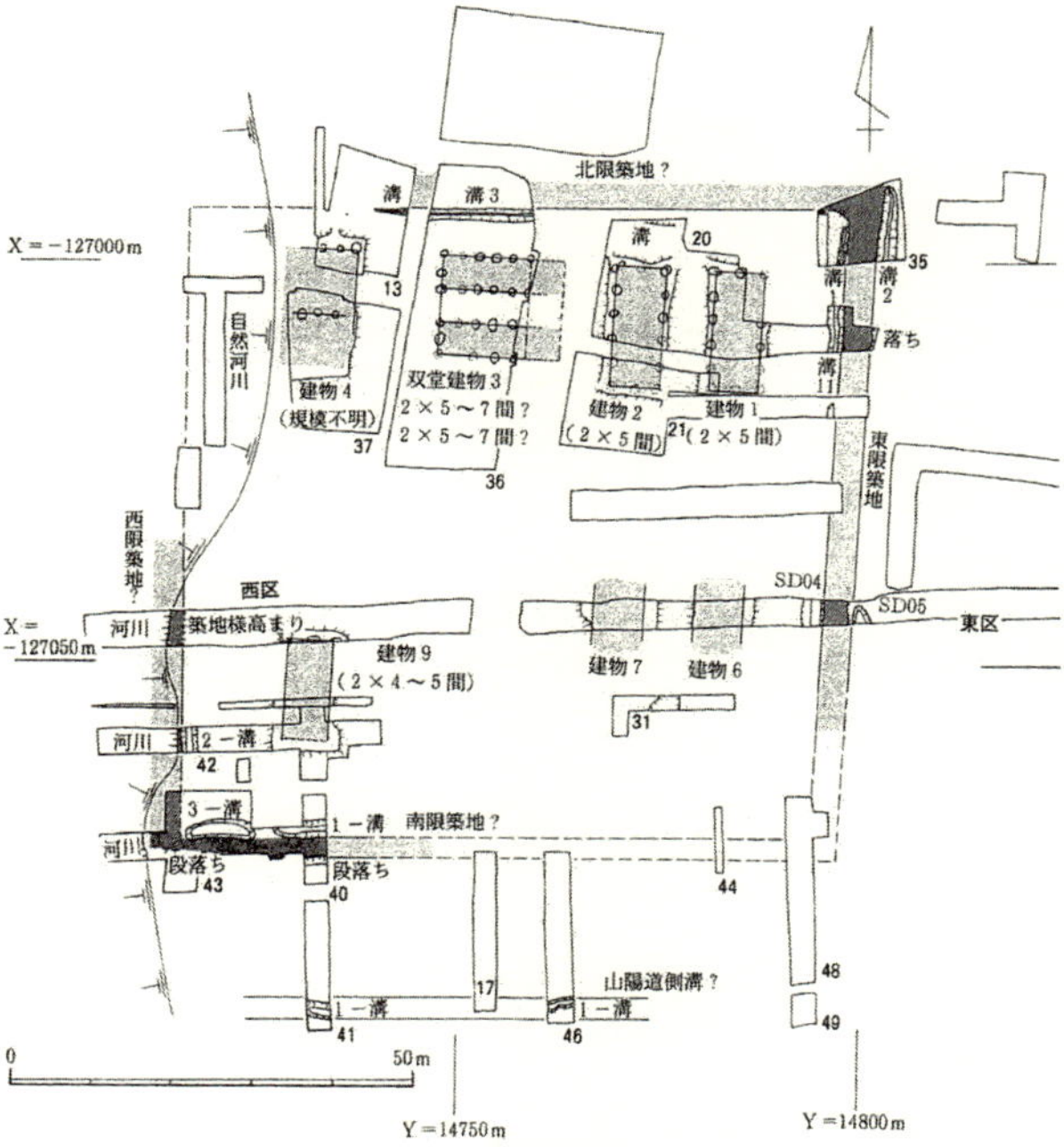

図8　小犬丸遺跡の建物配置

（布勢駅家、『布勢駅家Ⅱ』龍野市教育委員会、1994年）

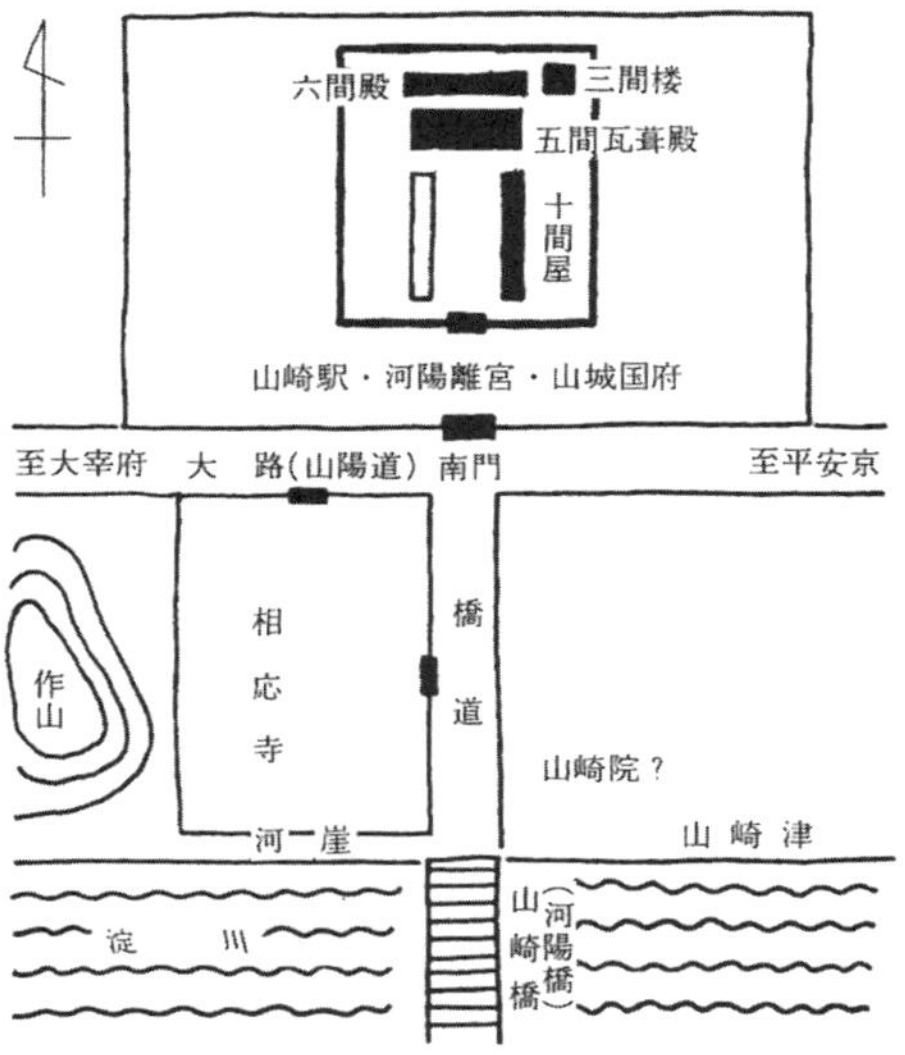

図9　山崎駅と山崎橋の位置想定図
（高橋美久二『古代交通の考古地理』大明堂、1995年）

たと思われるが、それらの施設は見つかっていない。

つぎに、滋賀県大津市の堂《どう》ノ上《うえ》遺跡では、東海道・東山道の勢多《せた》駅家に想定される遺構が見つかっている。ここは勢多橋の東四〇〇メートル、近江国庁跡の西八〇〇メートルに位置する。独立した小丘陵上に築地をめぐらし、礎石を用いた瓦葺きの東西棟建物と南北棟の掘立柱建物などが検出されている。葺かれた軒瓦《のきがわら》は近江国庁と同一の型式のものである。そして「承和十一年（八四四）六月」と刻字された平瓦が出土している。ここに勢多駅家を設けたとすると、ここからは東海道と東山道へ分岐するので、『延喜兵部省式』によると三〇疋を準備していたことになる。しかし、まだ厩舎の建物は見つかっていない。

山崎駅家の設備と役割

平安時代に最も重要な役割をはたした駅家は山城国の山崎駅家である。同じく『延喜兵部省式』に、この山崎駅家に二〇疋の駅馬を配備していたことを記している（図9）。ここは山陽道で平安京に最も近い駅家であった。この山崎駅が文献にはじめて記されているのは、平安京へ遷都した後の大同二年（八〇七）のことである。この年の一〇月二五日付の「太政官符」に、大宰府との官人の往来が減少したということから、山陽道の各駅家の馬数を減少させたもので、山城国は山崎駅の馬数を三〇疋から二〇疋に減少させている。これによって、山崎駅は、当初は三〇疋を有していたことがわかる。この山崎駅の施設を知る資料として、菅原道真の詩に、河陽駅《かやのうまや》の駅楼で別れを惜しんだと詠まれている（『菅家文章』巻三）。この山崎駅は河陽駅と呼ばれたとされている（高橋一九九五）ので、山崎駅には駅楼があったことになる。また、この山崎駅で山陽道をたどってきた多くの役人たちは、ここで都へ入る服装を整え、また心の準備をしたのである。

4　平城京の告知札

平城京東三坊大路の調査と経緯

一九六九年の夏、平城京東三坊大路の東側溝から、告知札《こくちふだ》の木簡がはじめて出土した。この発掘調査にかかわったことがある。

この告知札は、失ったものに対する情報を往来する人びとに求めた立札である。まず、出土した東三坊大路を発掘することになった経緯を少し述べよう。

平城京の北端部に設けられた平城宮は、その東端部に東一坊大路が通っていた。一九六四年（昭和三九）、この東一坊大路上に建設省（当時）が国道二四号バイパスの建設を計画した。そこで、奈良国立文化財研究所（以下「奈文研」）の平城宮跡発掘調査部（以後、平城調査部）が道路を建設する予定地の平城宮の東面北門の東の道路予定地を発掘すると、建物と井戸、溝などが検出され、しかも溝から造酒司《ぞうしゅし》に関連する木簡も出土した。

また、東面中門の東を掘ると、複数の大型建物などが検出され、平城宮が東に拡大している可能性が高くなった。さらに、一九六七年三月、東面南門の東の発掘で、そこから平城宮の大垣が東へ延びていることが判明した。

その後、同年一二月から、東へ延びる大垣を追いかけると、翌年の一九六八年二月には、大垣は二七〇メートル東に延びて北に折れ、その内側に苑池《えんち》が設けられていることが判明した。そのために同年四月、建設省は二四号バイパスの建設計画を中止し、平城宮跡の直前で九〇度曲げて東三坊大路上に変更したのである。

このような経緯から、新たな道路予定地として東三坊大路に対する事前の発掘調査を、一九六九年七月から、奈良市立一条高校の東側一帯で実施することになった。発掘調査は、幅二五メートル、南北二四〇メートルにわたって実施された。一条高校の校庭の北端部から、法華寺《ほっけじ》へ向かって東西に延びる一条通りまで発掘を実施した（図10）。

溝から告知札が見つかる

その発掘調査を開始して間もなく、東端部で幅二・四メートルの南北溝が検出された。東三坊大路の東側溝である。大溝の断面はU字状で、深さ一・一メートルほどある。そして、七月の半ばころ、調査地の北端から五〇メートルほどの地点を、四〇人ほどの作業員とともに溝底の堆積土を除去していたとき、作業員の一人から大きな板がでてきたので取り上げてよいか尋ねられた。見ると幅七センチほど、長さ一メートルくらいの細く長い板だった。折らないように注意して取り上げるように指示し、土師器《はじき》・須恵器《すえき》片などの収納にとりかかった。

数分後、長い板を取り上げた作業員が、「板の背面に文字が見える」、と叫んだ。近寄って見ると、幅狭い板の全面に文字が書かれているようだった。出土した際と同様にガーゼで覆って処理した。この日発掘調査を担当していた調査員の三人のうち、著者がもっとも若かったので、この告知札の木簡を運ぶ車を呼びに、一・五キロ西に離れた平城調査部へ自転車で走ったことをおぼえている。

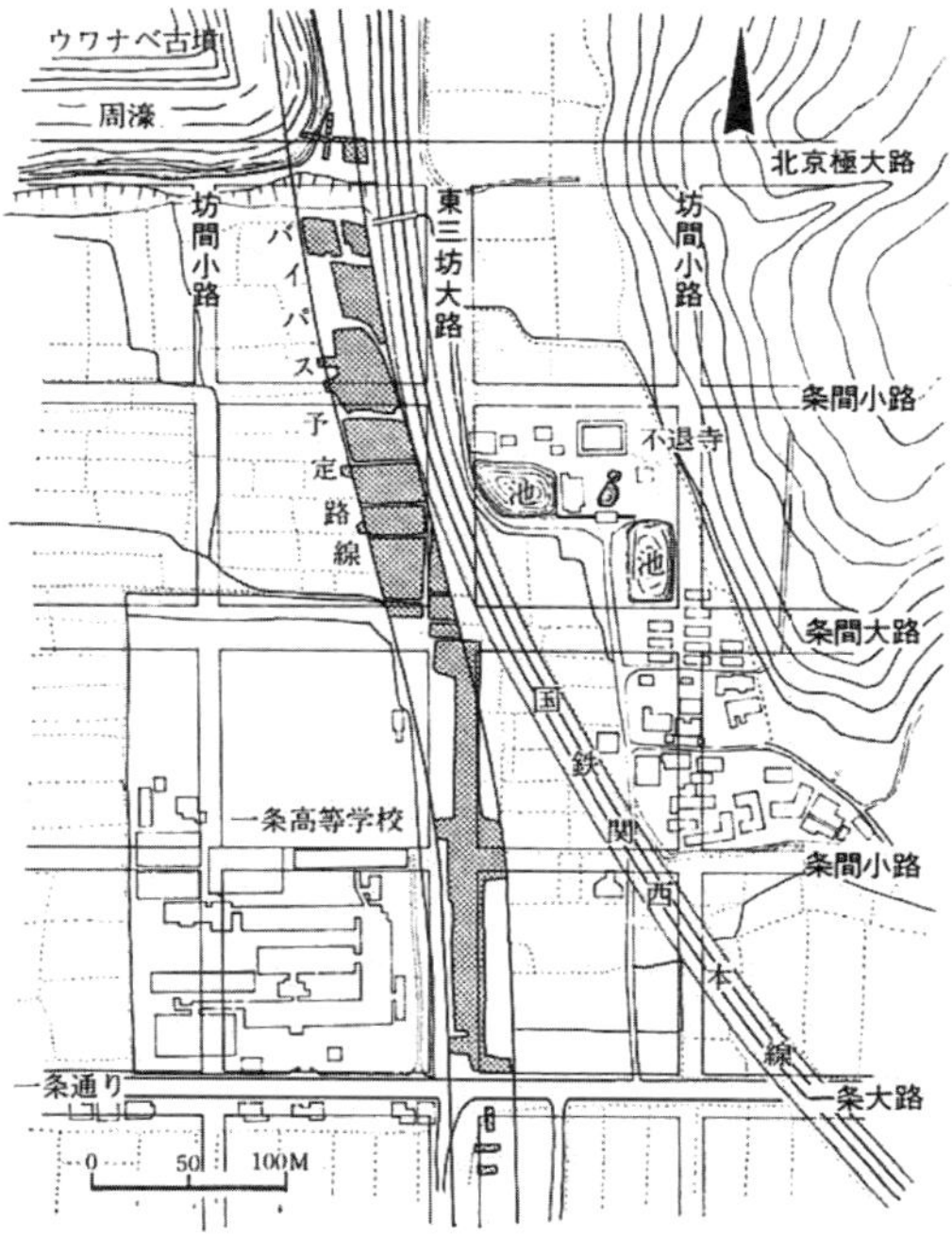

図 10　東三坊大路
（『奈良国立文化財研究所年報　1970』1971 年）

最初の告知札

この一号告知札は、長さ九九センチ、幅七・三センチ、厚さ〇・九センチの長大な木簡で、下端は左右が削られ尖っている（図11）。文字は、

告知　往還諸人　走失黒鹿毛牡馬一匹（在験片目白 額少白）
件馬以今月六日申時山階寺南花薗池辺而走失也
若有見捉者可告来山階寺中室自南端第三房之
九月八日

と山階寺《やましなでら》から逃げた黒鹿毛の馬のことが書かれていた。ここに記された山階寺は興福寺の別称である。この興福寺の南花園の池（猿沢池）付近から、九月六日の午後四時ころに黒鹿毛の牡馬が逃げたので、捕獲した人は興福寺の中室の南から三番目の部屋に連絡するように依頼したものであった。

この南北溝からは、後述するように、あと三点の告知札の木簡が出土している。その一

図11　山階寺から逃げた馬を知らせる告知札木簡（奈良文化財研究所所蔵、木簡庫）

点に天長五年（八二八）の年紀を記したものがあることからわかるように、告知札の木簡は、いずれも平城京から長岡京を経て、平安京へ遷都した後の平安時代初期のものであった。これによって、平安初期の興福寺は、東室・中室・西室の三僧房があり、堂塔を配した伽藍の南に、南花園が設けられていたことがわかる。そして、この南花園では、近くを率川《いさがわ》が流れているのを利用して、花や野菜を栽培していたのである。

二点目の告知札

二点目の告知札が発見されたときは、また出土した、という驚きを少しともなった。長さ八七・六センチ、幅五センチ、厚さ〇・七センチの長大な木簡で、上端の一部が欠損しているが、下端部は尖っている（図12）。表面に書かれた文字は、

□□□□〔往還カ〕告知□□〔被盗カ〕斑牛一頭　誌左右本□〔爪カ〕在歳六許
応告賜山辺郡長屋井門村　右牛以十一月卅□聞給人益坐必必可告給

とあり、盗まれた牡牛を探索するものだった。牡牛の特徴は左右に本爪があり、六歳ほどで、一一月三〇日のことで、井門村まで知らせるように依頼している。この山辺郡長屋井門村は、現在の天理市井戸堂付近で、古代の中ツ道に沿った地である。山城国との国境に近い、かつての東三坊大路の道路に、この牛を探し求める告知札を立てたのである。

三点目の告知札

さらに出土した三点目の告知札は、長さ一一三・四センチ、幅五・一センチ、厚さ〇・七五センチの長大なもので、やはり下端部は尖っている。これには、

告知捉立鹿毛牡馬一匹□□右馬以今月一日辰時依作物食損捉立也而于今日未来其主
験額髪□〔毛カ〕□□□件馬□可来隅寺□□　天長五年四月四日

と書かれており、告知札を立てた年月が記されている。

これによると、天長五年（八二八）四月一日に、作物を食い荒らしていた馬を捕捉したが、四日になっても馬主が現れない。馬は隅寺《すみでら》（海竜王寺）で預かっている旨を記している。海竜王寺からすると、告知札が出土した地点はわずか七五〇メートル離れた主要道路であった。この海竜王寺の境内からは、飛鳥寺の創建軒丸瓦の同笵《どうはん》軒瓦が見つかっており、平城京へ遷都する以前に建てられた氏寺であった。平城京への遷都時には、藤原不比等の邸宅

図12　盗まれた牛を探索する告知札木簡（奈良文化財研究所所蔵、木簡庫）

の東北隅と接していた氏寺である。この地域は、平城京が造営される以前は、土師《はじ》氏の本拠の一つであったので、著者はかつては土師氏の氏寺であったと考えている。そして、天平七年（七三五）、唐から帰朝した玄昉《げんぼう》は、この海竜王寺に入っている。

この他に、告知札の上端部分に「告知　往□」と記された四点目の告知札木簡の断片もみつかっており、東三坊大路の東側溝からは合わせて四点の告知札が出土している。

逃げた牛馬と告知札の立てられた場所

古代には牛馬が逃げた際の取り扱いは、『養老厩牧令《ようろうきゆうぼくりよう》』と『養老捕亡令《ほもうりよう》』に関連するきまりが記されている。このうち、『養老厩牧令』国郡条には、国や郡が所有者から離れて拾得した牛馬は、その所有主を探させている。しかし、六ヵ月を経ても現れないときは伝馬にするなどと記されている。また、闌遺物《らんいぶつ》条は、逃げた牛馬を得た人は、五日のうちに所司に届けるように命じている。さらに『養老捕亡令』亡失家人条は、家人・奴婢・雑畜・物をなくした時は、官司に申し出るようにし、そして後日に見つかった際には照合して返却することになっていた。また、『養老捕亡令』得闌遺物条は、失われたものを得た際には近くの官司に送れ、市で得たときは市の司に送ること、また得たものは門の外に掲げさせ、所有主が来たときに、確かなら返還させている。そして、『令義解《りようのぎげ》』には、その記録として、亡失地点・品目・状態・数量などを記載したとしており、告知札の記載内容と一致する点が注目されている（佐藤一九九七）。

さて、東三坊大路から出土した四点の告知札の木簡をみると、平安時代の初期には、この交通路に多くの告知札が立てられていたことを知ることができる。また、この交通路を往来する人が多かったことをうかがわせている。

告知札の形状と立て方

出土した告知札の木簡は先端が尖っており、形態はよく類似している。その先端が尖っているのは、当初は地面に突き刺すためと推測された。しかし、その後の研究によると、孔をあけた木製の長大な台状のものに差し込んで立てたものと考えられている。

また、墨で記載した文字をよく読めるようにするには、日差しや雨を避ける覆いがあったものと考えられる。また、出土地点の付近に高札場のようなものがあり、この場所に公的な性格を推測する研究者もいる（清水一九九一）。これらの失われた牛馬を見出した人、あるいは失った人は、官司へうかがうのではなく、興福寺の僧房、隅寺、井門村の告知者のところへ告げ知らせることになっている。ここには民間人の情報伝達と善意に強く期待されており、古代の安定した社会生活をうかがうことができるように思われる。

5 告知札からみる遺失物の捜索

馬が盗まれたことを知らせる札

平城京東三坊大路の側溝から告知札《こくちふだ》が出土したのを契機に、その出土例が増えているので、それらもあわせて述べ、古代の遺失物の処置をみることにする。

その一例として、一九八一年（昭和五六）に、平城宮南面西門（若犬養門《わかいぬかいもん》）前の平城京二条大路北側溝ＳＤ一二五〇から出土している。これには、

・常陸国那賀郡人公子部牛主之□□〔以カ〕今月廿七日夜自大学寮辺被盗鹿毛□□□歳八
　　　　　　　　　　　　　　　　　　　　　　　　□□後脚□□□□
　宣告知諸生徒及官□〔諸カ〕□□
・人等若有露者諸□〔聆カ〕□□□□□□□□□□□□〔天平宝字八年六月廿八カ〕日

と、常陸国那賀郡の公子部牛主の馬が大学寮の周辺で盗まれたことを記すもので、長さ七〇〇《センチ》で、文字が両面に記されている。このような記載から、告知札ではなく、捜索命令文書として回覧したものとする考えもある。しかし、この文には「告知」という用語も記さ

れ、また馬の特徴が割書きされているのも共通しており、二条大路に掲示した告知札と推測できるだろう。そして、失われた翌日に記されており、じつに迅速な対応がなされている。なお、大学寮は平安京では、朱雀門の東南の地に設けられており、平城京でも同様であったものと推測される。

牛の飼い主を探す

平城京では、二〇〇五年（平成一七）二月、奈良市三条添川町でおこなわれた平城京左京四条三坊九坪の発掘地で、東堀河と推測される運河から告知札の木簡が出土した（図13）。

図13　牛の飼い主を探す告知札木簡（奈良県立橿原考古学研究所所蔵）

これは、

往来諸人等　黒毛牛捉事　右牛今月以三日捉印左右下耳□〔辟カ〕二果足白　延暦六年十一月八日

□到多□食損因是件牛捉宜知状主有者問所来故告令知

と記されており、黒毛の牛が食い荒らしていたので捕捉し、その飼主を探し求めている告知札である。全長六四・五センチ以上、幅四センチ、厚さ〇・九センチのものである。

さらに長岡京でも、左京七条一坪七町で出土している。これには、

謹告知往還上中下尊等御中迷□少子事　右件少子以今月十日自勢多□

錦□〔織カ〕□麻呂年十一 字名錦本云音也　皇后宮舎人字名村太□〔家カ〕□□

と記し、錦織□麻呂という一一歳の子が近江の勢多《せた》で迷子になったことを述べており、長さ三二・五センチ、幅三・五センチ、厚さ〇・二センチのものである。これは、長岡京へ遷都後の延暦三年（七八四）から、皇后宮職《こうごうぐうしき》が設置されていた延暦九年（七九〇）のものと推測されている。この木簡は、七条条間路北側溝から出土したもので、出土地は東市に近いところと考えられている（鶴見二〇〇五）。

このような告知札からみると、『養老捕亡令《ようろうほもうりょう》』亡失家人条に記すように、失われた馬、牛を探し求めたのみでなく、迷子を捜索することもあったのである。

書式の変化

『養老公《く》式令《しきりょう》』には、この告知札の書式例は記されていない。そこで、これまで出土している告知札の木簡に記された文の「告知」の表記のみに注目してみると、平城京二条大路出土の奈良時代（天平宝字八年）の告知札は、「告知」の文字が文章中に書かれている。そして、奈良市三条添川町の平城京左京四条三坊から出土した奈良時代末の延暦六年のものは、文末に記されている。さらに、長岡京左京七条一坊のものは、「謹告知」と「告知」は文末から文頭に移動して記されている。しかも、この文頭に「告知」を記す様式が平安京へ遷都後には確立した様式になったものと推測される。

そして、平城京東三坊大路東側溝から出土して平安初期の告知札の木簡は、文頭に「告知」を記す書式が確立したのみでなく、長岡京の時期の「謹告知」から、さらに「謹」の文字を省略するものへと、より形式化した書式に変化したものであったということになるであろう。

『養老厩牧令』闌遺《らんい》物《ぶつ》条ならびに『養老捕亡令』得闌遺物条に、遺失物に対する届出の決まりがあり、しかも官司が関与する建て前になっていたことによって、このように告知札の木簡の書式が変遷したものではないかと思われる。

6 古代国家と対馬

対馬と古代日本

日本で、朝鮮半島に最も近いところは対馬《つしま》島である。朝鮮半島の南端の釜山《プサン》まで五〇キロ、また日本側の壱岐《いき》島から五〇キロあり、さらに福岡県の博多から九〇キロ隔てた島である。

対馬と日本の古代国家との関連を少し求めると、『日本書紀《にほんしょき》』推古九年（六〇一）九月八日条に、対馬で新羅《しらぎ》の間諜を捕まえたと記している。翌一〇年二月、大和朝廷は、新羅を討つため厩戸《うまやど》皇子の弟の来目《くめ》皇子を将軍とし、二万五〇〇〇人の兵を派遣した。来目皇子らは四月に筑紫《つくし》に着き、戦うために船を集め、また兵糧を運んだ。ところが来目皇子は六月に病となり、翌年二月に筑紫で亡くなった。

そこで、四月には再び来目皇子の兄の当摩《たぎま》皇子を将軍とし、七月に派遣した。しかし、途中の明石で当摩皇子の妻の舎人姫王が亡くなったので新羅との戦いは中止となった。

『日本書紀』舒明四年（六三二）八月条は、唐の高表仁が犬上三田耜《いぬかみのみたすき》を送って対馬に着いたことを記している。そして、翌年の舒明五年正月、唐の高表仁《こうひょうじん》らが帰国する際にも、対馬まで送使の吉士雄摩呂《きしのおまろ》・黒麻呂が送っている。

白村江の敗戦と対馬の防御

斉明五年（六六〇）七月、唐・新羅軍によって百済《くだら》が倒された。そこで、百済を再興するために派遣した日本軍と百済軍の連合軍と唐・新羅軍との戦いが、錦江の河口に近い白《はく》村江《そんこう》でおこなわれた。しかし、日本・百済軍は惨敗した。その直後に、唐・新羅軍が日本へ進攻する危惧が高まったので、天智三年（六六四）に、対馬島と壱岐島、さらに筑紫などに防人《さきもり》と狼煙《のろし》台をおき、筑紫に水城《みずき》も設けている。

このように、対馬島は外交上ではもとより、朝鮮半島に対する日本の最先端の防御の地として軍事的な要塞にもなっていた。白村江での敗戦直後の天智四年九月二三日、対馬に戦勝国の唐から劉徳高《りゅうとくこう》ら二五四人が訪れ、その後、筑紫を経て飛鳥に至り、一二月に帰国している。これは、唐の高宗《こうそう》が麟徳三年（天智五＝六六六）正月に山東省の泰山《たいざん》で封禅《ほうぜん》の儀をおこなうので、日本も参加するように要請に訪れたもので、日本は小錦の守君大石《もりのきみおおいわ》らを唐へ派遣している。

さらに『日本書紀』天智六年一一月条は、この月に対馬に金田《かなた》城、讃岐に屋嶋《やしま》城、さら

図14　金田城跡

に大和と河内の境に高安《たかやす》城を築いたことを述べている。このとき、対馬に築かれた金田城は、対馬島の中央部、厳原《いずはら》の北一二キロ、浅茅《あそう》湾《わん》の西側、湾を見下ろす山頂に築いた山城である。三方は海に囲まれ、防御しやすく、しかも山上から朝鮮半島への眺望のきく地に構築されている（図14）。

この金田城は、一九八五年（昭和六〇）以降、数回にわたって発掘されており、急峻な地形を利用し、東斜面に谷を取り込むように石塁を築いた包谷式の朝鮮式山城である。城壁には城門三ヵ所、水門二ヵ所が見つかっており、二〇〇三年（平成一五）に南門が検出され、復元整備されている。この南門の東では掘立柱建物二棟が検出され、南門の守衛の施設に推測されている。

さらに、天智一〇年一一月、対馬国司が、唐の郭務《かくむ》悰《そう》が白村江の戦いで唐の俘《ふ》虜《りよ》になった者らと共に六〇〇人、また送使ら一四〇〇人、あわせて二〇〇〇人が船四七隻で比知嶋に訪れたことを大宰府に報告している。そして、郭務悰らは翌年の五月に、絁《あしぎぬ》一六七三匹、布二八五二端、綿《わた》（真綿）六六六斤を賜って帰国した。

この郭務悰ら二〇〇〇人が訪れた外交について、直木孝次郎氏は、日本側による唐への賜品に端数を記していることから、日本へ白村江の戦いでの俘虜の返還に訪れたものと推測しており（直木二〇〇五）、このときの状況からみて優れた考えと思われる。

先史時代の対馬

さて、対馬島には上県町の越高《こしたか》遺跡、同町の久原《くばら》遺跡、豊玉町の西加藤遺跡などから早期の縄文土器が出土しており、島の北半部には、縄文時代の早い時期から縄文人が居住し、生活の拠点としていた。弥生時代になると、上対馬町の塔の首遺跡の墳墓などから銅鏡・銅釧《どうくしろ》・広形銅矛《ひろがたどうほこ》・ガラス玉、峰町のシゲノダン遺跡から銅釧・中広形銅矛・十字形把《つか》頭《がしら》・貨泉《かせん》など多くの金属製品が出土している。また古く豊玉町の黒島遺跡から広形銅矛一五本が発見されている。さらに近年は、峰町の山辺《やんべ》遺跡で大規模な弥生集落が発掘され、竪穴住居、高床建物が検出され、集落の実態も明らかになりつつある。

『魏志倭人伝』は、「朝鮮半島から海を渡り、千余里にして対馬国に至る。ここは絶島に

図15　対馬の景観

して、方四百里余ばかり、土地は山険しく深林多く、道路は禽鹿《きんろく》の径の如し。千余戸あり、良田無く、海の物を食べて自活す。船に乗り南北に市糴《してき》す」と記している（図15）。また、その南五〇キロにある壱岐国は、方三〇〇里ほどで、三〇〇〇ばかり家があり、やや田畑があることも述べている。

　このように、対馬は山地が多く、居住に適した島でなかったことと、壱岐よりも大きいが、人家は壱岐の三分の一、田畑も少ない地であった。しかし、対馬の弥生遺跡では、各所で銅鏡・細形銅剣・銅剣の把頭などが出土しており、朝鮮半島から多くの大陸系の青銅器や鉄器を導入している。また、ここを経由して、これらの青銅器や鉄器などが北九州の各地にも運ばれたものと推測される。さらに、少ないながら古墳時代前期の小規模な首長墳の出居塚《でいづか》古墳も築造されており、その後は後期まで古墳も築造されている。

交流の基点としての対馬

このように、対馬は朝鮮半島から最も近い島ながら、縄文人が早くから居住し、朝鮮半島の人びとと交渉を持ち続けたことが知られている。そして、縄文時代の末に稲作の農耕技術を受け入れ、さらに青銅器や鉄器なども、この対馬を拠点として導入されている。しかし、対馬は険しい山地が多く、農耕に適した地が乏しかったことからすると、朝鮮半島から入手した青銅器・鉄器なども、壱岐や九州北部で生産されたコメや塩などと交換したものと思われる。

古墳時代でも対馬は、北部九州と深いつながりをもつ島として展開している。そして、六世紀後半から朝鮮半島の百済・新羅・高句麗《こうくり》の三国と国家的な外交がはじまると、これらの地へ派遣された使節らも、ここを拠点に出航し、また帰港し、国際外交上で重要な拠点の役割をはたしている。

また前述したように、白村江の戦いで日本・百済が敗戦すると、日本は唐・新羅が侵攻する危機に対処せざるをえないことになった。この対馬は朝鮮半島に最も近い地だったので、その防衛の最先端の役割を担うことになっている。

対馬は、日本の本土から最も遠く、朝鮮半島の向かいに位置する島であった。山地をなすこの島に、早くから縄文人が住みはじめ、朝鮮半島の南端部の人びとと交流する拠点となった島であった。この島に縄文人が早くから住み続けたことは、その後の日本の歴史、文化の発展に著しく寄与している。そして、古代の朝鮮三国へ、さらに遣隋使・遣唐使の派遣でも、当時の船舶と航海技術からみて、その寄港地としてきわめて重要な役割をはたしたものと思われる。

歴史には仮定はなりたたないのだが、もし対馬が縄文時代以降、対岸に住む朝鮮民族の居住地となっていたなら、日本は、大陸との接触は少なからず乏しいものとなり、日本の原始・古代社会の発展は、著しく遅れたことを、考えてみる必要があるだろう。

7　古代国家と隠岐

隠岐と古代日本

対馬島に続いて隠岐《おき》島をとりあげる。隠岐島は、古代の出雲《いずも》国・伯耆《ほうき》国から北へ五〇キロ隔てた島である。この隠岐島は、島前《どうぜん》と島後《どうご》からなり、島前は知夫里《ちぶり》島・西ノ島《じま》・中ノ島の三つの島からなっている。この隠岐島も単なる一つの島の扱いではなく、古代には一つの国として扱われていた。そのため、隠岐国から古代の税である調《ちょう》として貢納した諸物品に付した多くの木簡が、藤原宮跡と平城宮跡、さらに甲賀宮《こうかのみや》と推測される滋賀県宮町《みやまち》遺跡でも出土している。

木簡からみえる隠岐国の行政単位の表記

古代の隠岐国は、西ノ島と知夫里島が知夫《ちぶり》郡、中ノ島が海部《あま》郡、島後が周吉《すき》郡と隠道《おち》郡に区分され、四郡から構成されていた（図16）。ここから貢納された調の木簡として、藤

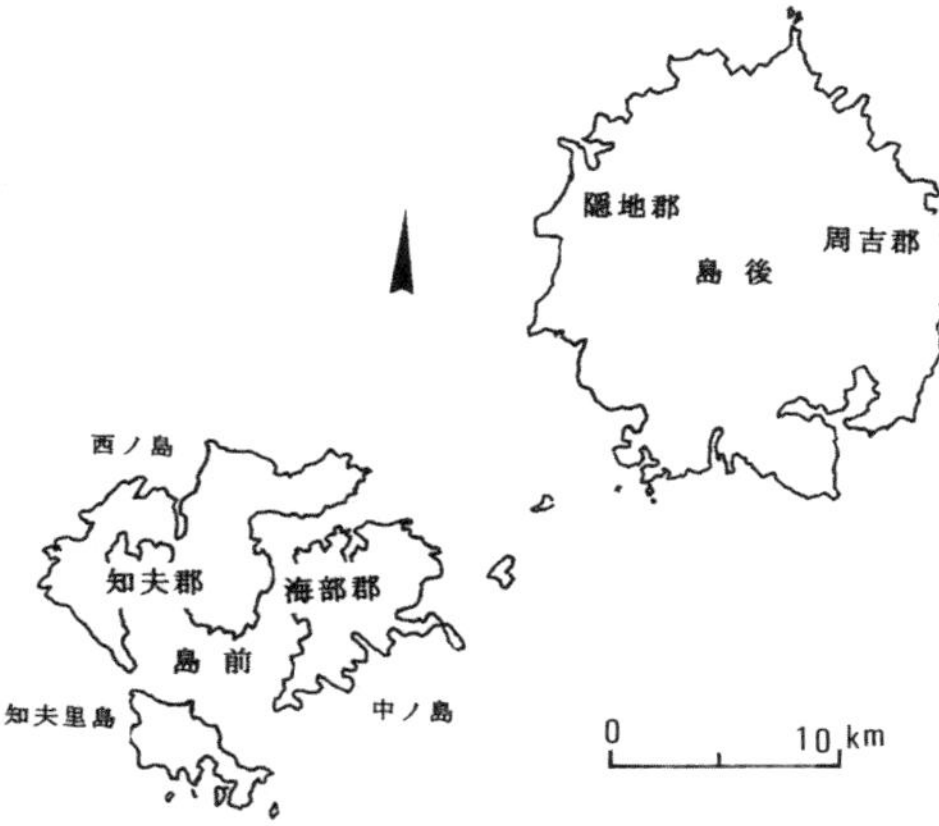

図16　隠岐国と郡の構成

図17「海評」の木簡（奈良文化財研究所所蔵、木簡庫）

原宮跡から出土したものは、

知夫利評三田里石ア真□支軍布莒

海評佐々里阿田矢軍布

のように、「知夫利評」、「海評」と書き出しており、隠岐国の国名を省略し、評と里と人名のみを記し海草の「軍布《め》」（わかめ）を貢進している（図17）。

しかし、『大宝律令』が制定された後の奈良時代に記された木簡は、国・郡・郷（里）を記すように定められたので、隠岐国から記し、ついで郡を記している。しかし、この場合も、佐藤信氏が注目するように（佐藤二〇〇二）、国名の文字の記載は、「隠岐国」の文字表記ではなく、いずれも奈良時代は「隠伎国」と「伎」の文字を使用しているのが注目される。

隠岐国から都に送られた木簡

また、隠岐国から調として都へ貢納された物品の付札の木簡は、いずれも上と下に、こけしの頭部のように、切込みを入れており、しかも一〇数センチと他国の木簡よりも著しく短いものである。また、荷札なので、表面のみに記載している。そして、隠岐国の木簡の大半は他国と異なり、スギ材が使用されている。

隠岐国から貢進された平城宮跡から出土した木簡を少し例示すると、

隠伎国知夫郡大井郷各田部小足軍布六斤

と軍布（わかめ）に荷札として付けたものがある。また、

隠伎国海部郡佐吉郷日下部止々利　調鰒六斤

と魚介類の鰒《あわび》につけたもの、さらに

隠伎国海部郡佐吉郷日下部□□祢　伊加六斤　七年

とイカ（烏賊）につけたものがある。

さらに、滋賀県甲賀市の宮町遺跡からは、

隠伎国海部郡御宅郷□部・百代調海藻六斤

と海藻《め》（わかめ）につけたものが出土している。

このように、隠岐国の貢納品は、「軍布」「鰒」「伊加《いか》」、「海藻」、さらに「海松《みる》」「乃利《のり》」などと記したものがあり、いずれも海草と、いか（烏賊）、あわび（鮑）などの海産物を貢納している。

隠岐国の郡と郷

古代の隠岐国は、平安時代の一〇世紀に作られた辞書の『和名類聚抄《わみょうるいじゅうしょう》』によれば、各郡とも三郷からなり、いずれも小郡としている。しかし、奈良時代の木簡には、たとえば知夫郡は、宇良・由良・三田郷に対し大井郷、海部郡は布勢・海部・佐作郷に対し□宅郷、中□郷、周吉郡は賀茂・奄可・新野郷に対し上部郷、山部郷、隠地郡は都麻・河内・武良郷に対し奈□郷などがみえ、『和名類聚抄』に記されていない郷から貢納した木簡も出土している。

古代の地方制度では、郡衙に大領・少領・主政・主帳の四等官の役人が配されていた。この郡は大・上・中・下・小に区分され、これらのうち最も小さな小郡は領と書記の主帳のみが一人ずつだけであった。しかし、奈良時代の天平四年（七三二）の「隠伎国正税帳」の各郡には、大領と少領の役人を記載しており、小郡より上の下郡に扱われている。木簡に記す郷名から見ると、奈良時代には各郡に大領・少領が配される四郷以上の郷が存在し

図18　大城遺跡の四隅突出墳丘墓

ていたことがわかる。隠岐島は、最寄りの島根半島でも五〇キロ離れているが、古代の小型船によって調の海産物を漕運し、宮都へ貢納し続けていたのである。

弥生・古墳時代の隠岐

ところで、この隠岐島では、島後の八尾川下流から弥生後期の月無《つきなし》遺跡が知られ、また大城《おおしろ》遺跡からは四隅突出墳丘墓《よすみとつしゅつふんきゅうぼ》も見つかっている（図18）。この四隅突出墳丘墓は、広島県・島根県・鳥取県などで顕著に造られた特異な墳丘墓である。このように、島根半島から五〇キロ隔てた隠岐島でも、出雲の地域と強いつながりをもち、一体として進展していたことがわかる。

その後の古墳時代の後期には、前方後円墳

（全長四七メートル）で横穴式石室を構築した平神社《ひい》古墳も築造されている。また、七世紀末には、藤原宮や平城宮に、各郡から調として木簡を付け、もっぱら海草や鰒、魚など海産物を貢納していた。

海と海産物を重視した古代国家

このような海産物を貢納する隠岐国は、若狭国・志摩国・淡路国と同じように天皇に食材を貢納したに御食国《みけつくに》であった。そして古代には、この御食国と深いかかわりをもった氏族に、朝廷の内膳司《ないぜんし》の官人である膳《かしわで》氏・安曇《あずみ》氏がいる。膳氏は若狭国や志摩国と深いつながりをもち、西国の瀬戸内の地域や隠岐国は、安曇氏が深いかかわりをもっていた。

さて、古代国家は、前述した対馬、さらに壱岐・淡路・佐渡、そして隠岐などの島に対し、いずれも現在の行政の扱いとは異なり、国の一部ではなく、一つの独立した国として扱っていた。ここには、古代国家の島に対する評価がよく表れている。古代の島は、国の離れた一部、あるいは海を隔てた疎外された遠隔地ではなかったのである。むしろ、海で隔てられた遠隔地だけに、疎外感をもたせないように、他の地域と同じく国に位置づけていたのである。そして、淡路国や隠岐国は、海を活かした海産物を貢納する御食国とし、国としての行政も分担している。天平一四年（七四二）に出された国分寺造営の詔《みことのり》では、隠岐国も国分寺を島後に建てている。

都との往来

国として行政を分担するには、行政にかかわる書類を宮都（平城宮など）に役人らが運ぶ義務がある。島後の隠岐の島町にある億岐《おき》家宝物館には、国重要文化財になっている駅《えき》鈴《れい》と隠岐倉印《そういん》が展示されている。駅鈴は、宮都への往来に、頻繁に使用されたものと推測される。

『続日本紀《しょくにほんぎ》』天平宝字七年（七六三）一〇月六日条は、渤海《ぼっかい》から帰国する日本の使節の平群《へぐりの》虫麻呂《むしまろ》一行が日本海で遭難したとき、隠岐島に漂着したことを記している。また、天長二年（八二五）、渤海国使の高承祖《こうしょうそ》ら一〇三人、貞観三年（八六一）、渤海国使の李居《りきょ》正《せい》ら一〇五人が隠岐国に来着している。さらに、日本と新羅《しらぎ》との関係が悪化すると、貞観一一年、隠岐国に弩《ど》（大弓）の扱いを指導する弩師が派遣され、また貞観一二年には、出雲国・石見国と隠岐国に、新羅に対する警備を固める命令がだされている。

このように、隠岐は朝鮮半島との間の日本海に所在する島であるため、時には外交に際して往来する船が隠岐島に着き、また軍事的に重要なこととかかわることもあった。

流刑地としての隠岐

『続日本紀』天平宝字七年一二月二九日条は、造東大寺司の正六位上　葛井根道《ふじいのねみち》と治部省少輔の従五位下　中臣伊加麻呂《なかとみのいかまろ》、伊加麻呂の息子の真助の三人が酒を飲み、ときの憚《はばか》りごと（孝謙《こうけん》上皇と道鏡《どうきょう》の悪口か）にふれたことが密告され、伊加麻呂は大隅守に左遷、根道は隠岐国に、真助は土佐へ流されたことを記している。

このように、隠岐国は、海によって隔てられた島国だっただけに、ときには流刑地《るけいち》ともなった。平安時代にも、遣唐副使に任命されながら病と称して乗船を拒否し、嵯峨《さが》上皇の怒りにふれた小野篁《おののたかむら》、承和の変の首謀者とされた伴健岑《とものこわみね》、安和の変で藤原千晴《ふじわらのちはる》らが隠岐国に流されたように、著名な後鳥羽《ごとば》上皇や後醍醐《ごだいご》天皇が配流される以前に、しばしば流刑の対象地ともなっている。

第二章

複都制と都の移動

1　藤原宮・京の造営と周礼型都城

藤原京の調査の進展

藤原宮は、『万葉集《まんようしゅう》』に収録された「藤原宮の御井《みい》の歌」（巻一―五二）に、大和三山の畝傍山《うねびやま》・耳成山《みみなしやま》・香具山《かぐやま》の間に営まれたことが詠われている。江戸中期に賀茂真淵《かものまぶち》が高殿《たかどの》村にある大宮土壇《おおみやどだん》に所在地を求め、有力説となった。しかし、大正期から昭和初期、喜田貞吉氏による異論の提示や藤原京の復元案がだされた。

一九三四～四三年（昭和九～一八）、日本古文化研究所による発掘調査によって、大宮土壇は大極殿《だいごくでん》跡であることが判明し、さらに大極殿院《だいごくでんいん》と朝堂院《ちょうどういん》の構造も解明されたが、藤原宮の規模、藤原京の構造と規模の解明は、戦後の研究にゆだねられた。

戦後の一九六六年、藤原宮の西南から東北に抜ける橿原《かしはら》バイパスを設ける計画がだされ、その事前の発掘調査が一九六六～六八年に奈良県教育委員会によっておこなわれた。この発掘調査で、藤原宮の北大垣の東端と西端が検出され、藤原宮の東西幅が判明することになった。また、検出された北大垣にともなう溝などから「評《こおり》」と「郡《こおり》」と記載した付札の木簡が出土し、この木簡によって、『大宝令《たいほうりょう》』によって、「評」から「郡」に表記が変更したことも判明し、そのころ検討されていた古代史の郡評論争も決着をみたのである。

岸氏の藤原京復元案

この発掘調査にあたった岸俊男氏は、戦前に日本古文化研究所が検出した藤原宮の南門の成果をも踏まえ、藤原宮の規模を明らかにした。

さらに、岸氏は、戦前に喜田氏が大和の古道と藤原京の規模を復元した研究を踏まえ、藤原京の一坊を半里とし、東西八坊、南北一二条に復元した。そして、藤原京は西京極を下ツ道、東京極を中ツ道、北京極を横大路、南京極を阿倍山田道の少し南に想定する条坊案を提示したのである（岸一九六九）（図19）。

また、一方で岸氏は、平城京は藤原京の西京極の下ツ道を北に延長し、藤原京の東西幅を西へ折り返したのが平城京の東西幅、南北は藤原京の一・五倍にして計画したものであったとし、これまで平城京は唐長安城（図20）をモデルとする定説に異論を提示し、北に二条分の空地があり、中国古代の漢魏洛陽城や北魏の鄴城《ぎょうじょう》と関連をもつものとした。

このような岸氏による藤原京の復元案は、画期的な研究として評価されることになった。

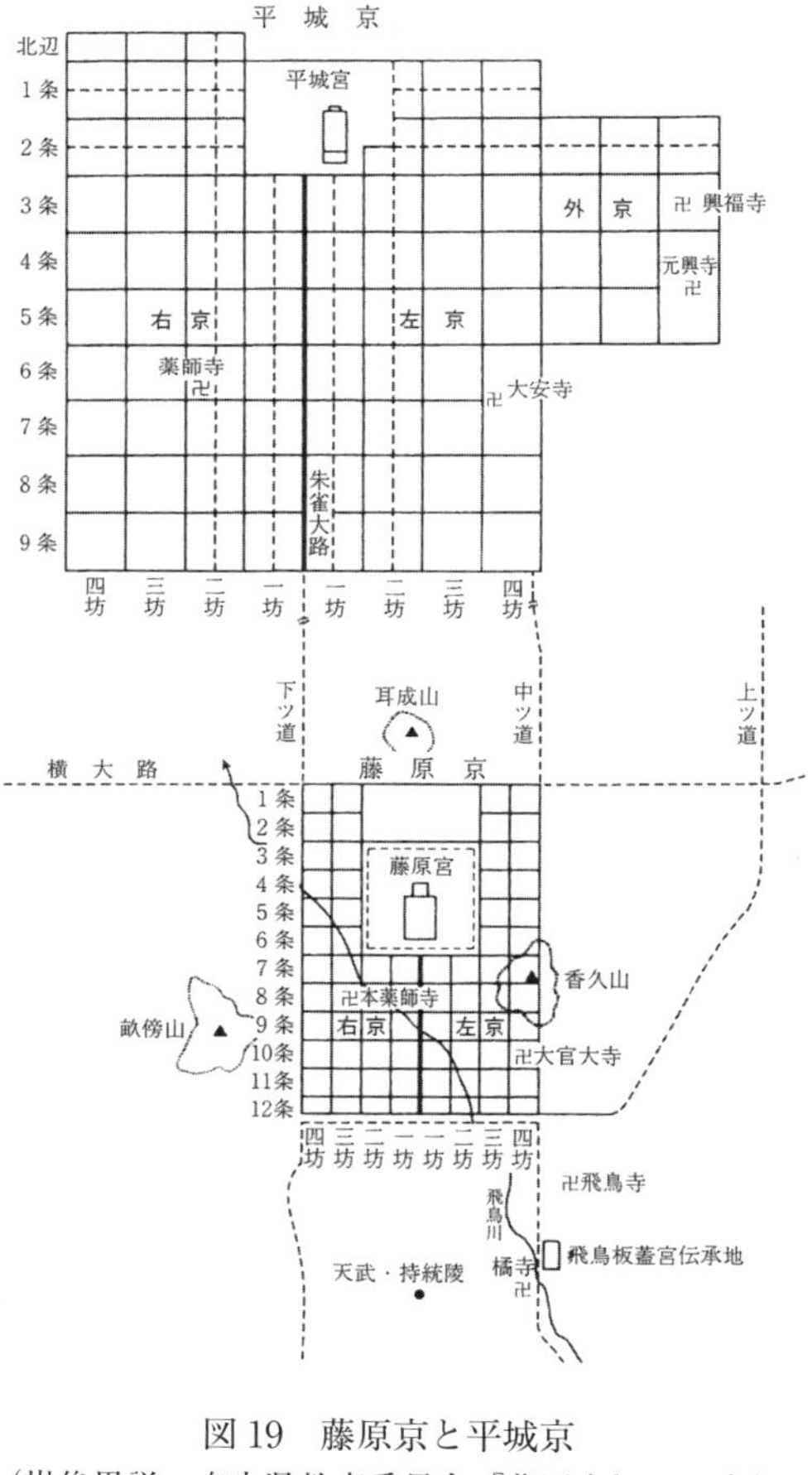

図19　藤原京と平城京
（岸俊男説、奈良県教育委員会『藤原宮』1969年）

大藤原京案の提示

ところが、一九七九年（昭和五四）、岸説の藤原京の北にあたる橿原市葛本町《くずもとちょう》で交差する道路跡の遺構が検出されたのを端緒として、岸説藤原京の外でもあいついで道路が検出されるようになった。そこで、秋山日出雄氏・楠元哲夫氏・千田稔氏らによって、さらに規模の大きな大藤原京案が提示されるにいたっている。

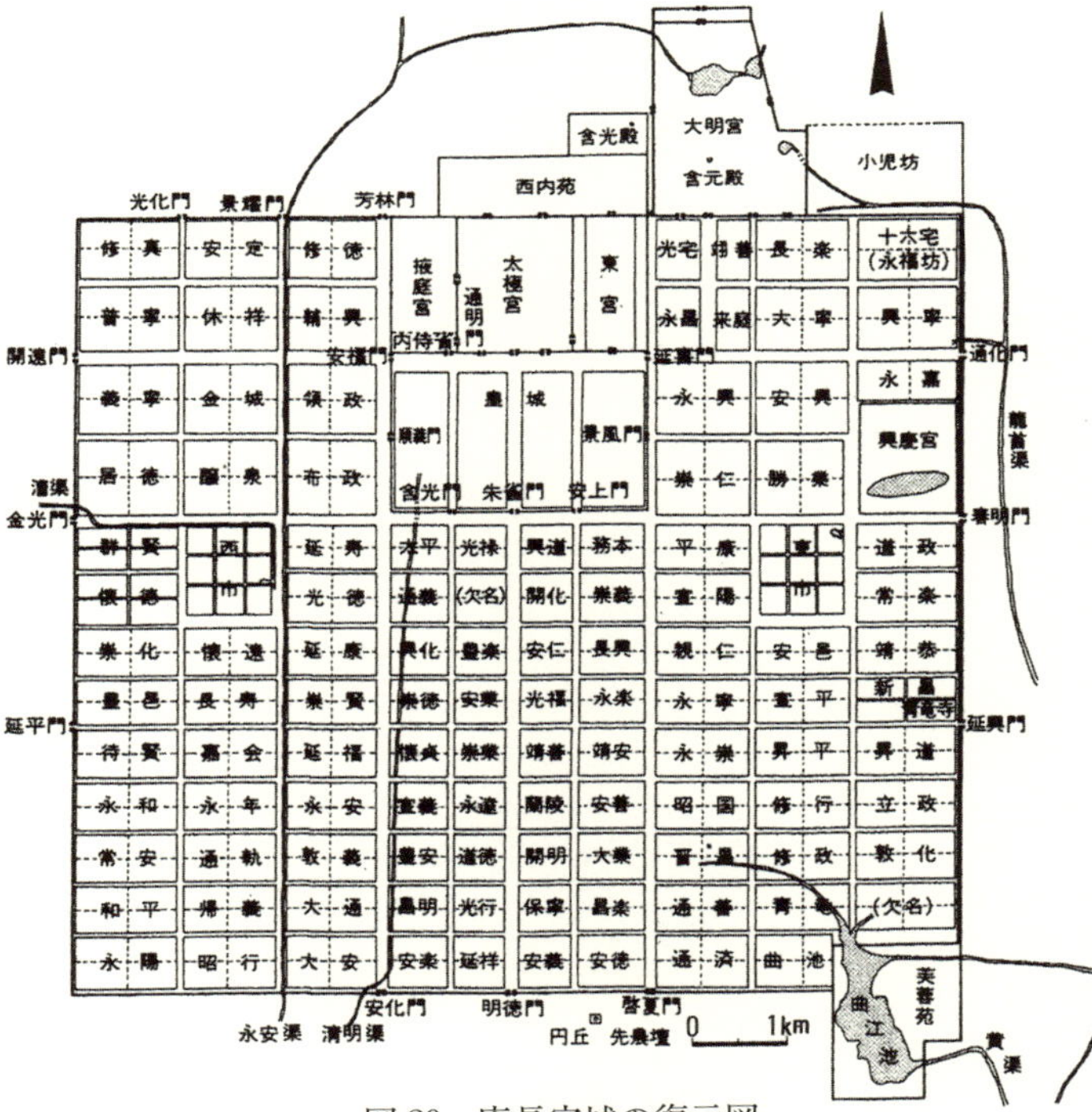

図 20　唐長安城の復元図
（大阪市文化財協会『難波京と古代の大阪』1984 年）

一九八六年、阿部義《あべぎ》平《へい》氏は、それまで検出されていた藤原京の道路遺構を検討し、藤原京も平城京と同じく、一坊が四町四方の規模で、東西八坊、南北一二条とみなす考えを提示した（阿部二〇一五）。しかし、その後、阿部案よりも西で、藤原京の西京極大路が検出されたことから中村太一氏による東西一〇坊、南北一〇条案が提示された。さらに東京極大路の遺構も検出されたので、小澤毅氏による中村氏と同様の藤原京案が提示されている（小沢二〇〇三）（図21）。

以上のような藤原京案は、いずれも岸説藤原京よりも大きいので大藤原京説と呼ばれ、現在は小澤毅・中村太一氏による復元案が最も有力視されている。両氏の説では、藤原京は、平城京と同一規模の坊が東西一〇坊、南北一〇条をなし、その中央に藤原宮が四町を占めて造営されたものと推測されている。

『周礼』が記す王宮の配置

このような都城の中央に王宮を配する形態は、中国の『周礼《しゆらい》』考工記に記されている。藤原京がこのような都城のかたちを採用した理由として、白村江《はくそんこう》の戦い後の日本は、遣唐使の派遣が途絶えており、唐長安城の情報が不足であったことがあげられる。また『周礼』は大学でテキストに用いられていたため、周礼型を理想として採用したと推測されている。

大宝元年（七〇一）に三三年ぶりに、粟田真人《あわたのまひと》を執節使とする遣唐使が派遣された。真人らは、最新の唐長安城を実見して帰朝した。その結果、藤原京は旧式とし、新たに平城京として、唐長安城型の北端に宮を配した北闕《ほつけつ》型の都城を造営し、遷都したと考えられている。藤原宮・京の設定に周礼型が採用されたのは、白村江の戦い後、唐長安城に対する情報不足とするのは、はたして妥当な考えだろうか。

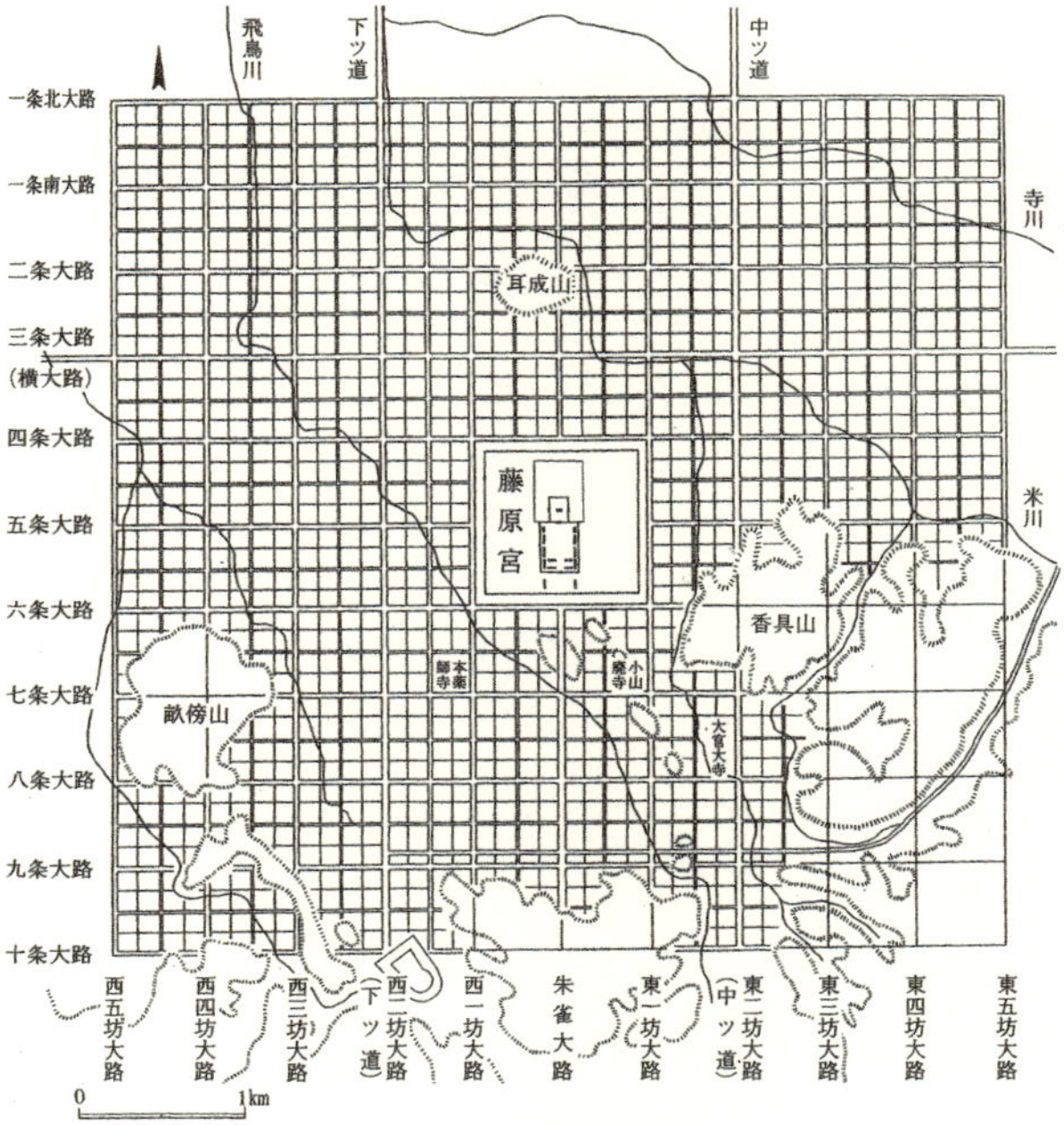

図21　藤原京復元図
（小澤毅『日本古代宮都構造の研究』青木書店、2003年）

隋唐の都城の形態

これには、隋の大興《だいこう》城《じょう》と唐の長安城に対する理解が少なからず不十分なように思われる。隋は南北の対立した王朝を統一すると、五八一年に即位した隋の文帝は、翌年に漢の長安城の東南二〇里の竜首原に、新たな都城を築き、大興城と呼んでいる。

大興城は、『隋書《ずいしょ》』に東西一八里一一五歩、南北一五里一七六歩と記されている。この隋を倒した唐は、『唐両京城坊攷《じょうぼうこう》』巻二に、『隋書』の記載と同一の規模の数値を記しており、隋の大興城をそのまま継承している。唐長安城は、北端に宮城・皇城を配し、しかも太極殿から承天門・朱雀門を経て、南端の明徳門に至る線を中軸とし、外郭の城坊、東西市を左右対称に配したものだった。

唐長安城で、その後の注目すべき変化には、禁苑の東端に大明宮《たいめいきゅう》が設けられている点がある。太宗が貞観八年（六三四）に避暑用に永安宮《えいあんきゅう》を建て、翌年に大明宮と改称している。そして、竜朔二年（天智元＝六六二）、高宗《こうそう》がこれを大改修し、ここで政務をとり、即位の大礼と国家的な大事のみ太極宮でおこなうことにした。大明宮は丹鳳門《たんほうもん》を正南門とし、その北に含元殿《がんげんでん》を配し、大朝会のとき皇帝はここに出御した。また、その北の宣政殿《せんせいでん》で皇帝が日常の政務をとっている。さらに西北には、饗宴用に建てられた麟徳殿《りんとくでん》などが建てられていた。

さて、遣隋使の小野妹子《おののいもこ》、犬上御田鍬《いぬかみのみたすき》らが訪れた隋の大興城、また犬上御田鍬の後に派遣された遣唐使らが訪れた唐長安城は、整備には差異があったとしても、同一の都城であった。推古朝から斉明調まで派遣された隋・唐への留学生、留学僧らは、長期にわたってここに滞在し、帰朝したことになる。

白村江の戦いによる唐との関係悪化

斉明六年（六六〇）、朝鮮半島で百済《くだら》が新羅《しらぎ》・唐によって滅亡した。そこで天智二年（六六三）、百済を復興させるため、日本・百済軍と新羅・唐軍との戦いが白村江でおこなわれ、日本・百済は敗北した。その直後から、唐・新羅による日本への侵攻の危機がたかまったので、対馬に金田城《かなた》、筑紫《つくし》に水城《みずき》・大野城、瀬戸内海の屋嶋《やしま》に屋嶋城、河内と大和の境の高安山《たかやす》に高安城などの朝鮮式山城を築き、防衛に奔走することになったのである。

このように、日本と唐は敵対的な関係になったのである。その後の天武五年（六七六）、新羅が唐軍を朝鮮半島から退去させることによって、危機的な状況は解消されたとはいえ、唐と日本との外交は、なお断絶したままであった。

日本と唐との国交が断絶し、朝鮮式山城を西国に構築した後の天武五年、天武によって新城の造営がおこなわれたが、この造営は中断した。天武一三年、天武は再び都城の造営に取り組みながらも、朱鳥元年（六八六）に没している。そして新都城の造営は、持統によって再び着手され、持統八年（六九四）に藤原宮・京へ遷都している（図22）。

なぜ唐長安城をモデルにしなかったのか

この藤原宮・京は周礼型であった。唐長安城のように北に宮を配した北闕型のものではなかったのである。

図22　藤原宮の大極殿跡

その要因として、白村江の戦い後、遣唐使による唐長安城の情報を入手しえなくなったとする考えがある。しかし、六六二年に皇帝による政務が太極宮から大明宮に移ったことは、天武一三年一二月六日、唐に派遣されていた留学生の土師宿禰《はじのすくね》甥《おい》、白猪史《しらいのふびと》宝然《ほね》、また白村江の戦いで唐に捕えられた猪使連《いつかいのむらじ》子首《こびと》、筑紫《つくしの》三宅連得許《みやけのむらじとくこ》らが、新羅を経由して帰朝しているので、天武朝の末の朝廷は、唐長安城の大明宮のことも、周知していたとみて間違いないものと思われる。

こうしてみると、持統によって周礼型の藤原京が造営されたのは、白村江の戦い後、日本と唐は、なお敵対関係のままであり、遣唐使も派遣できなかったことからみて、このような状態では、唐長安城をそのままモデルとした都城を造営するのは困難な状況だった。したがって、やむなく古典的な周礼型を採用せざるをえなかったと推測されるのである。

そして、唐長安城をモデルとした都城を導入した平城宮・京の造営は、大宝二年に粟田真人を執節使とする遣唐使の派遣によって実現したのである。

2 聖武天皇と三都制の構想

難波宮・京の造営と複都制の採用

神亀三年（七二六）一〇月、聖武《しょうむ》天皇は播磨の印南野《いなみの》への行幸から難波《なにわ》に戻ると、藤原《ふじわらのうまかい》宇合を知造難波宮事に任命し、難波宮・京の造営に着手した。この宮都の造営は五位の職掌であるにもかかわらず、従三位の宇合を任じたのは、彼が養老元年（七一七）に、遣唐副使として長安城を訪れた経験に期待するものがあったと推測される。

天平四年（七三二）三月には難波宮はほぼ完成し、後は難波京の造営のみが正五位下の石川《いしかわのひらふ》枚夫を造難波宮事に任命して引き継がれている。

平城宮・京（図23）に加えて、難波宮・京（図24）を造営することによって、日本も唐と同様に複都制が採用されたことになる。この聖武による複都制の採用は、かつて天武一二年（六八三）に天武《てんむ》天皇が実施しながら、完成した直後の朱鳥元年（六八六）正月に難波宮が全焼し、挫折した構想であった。

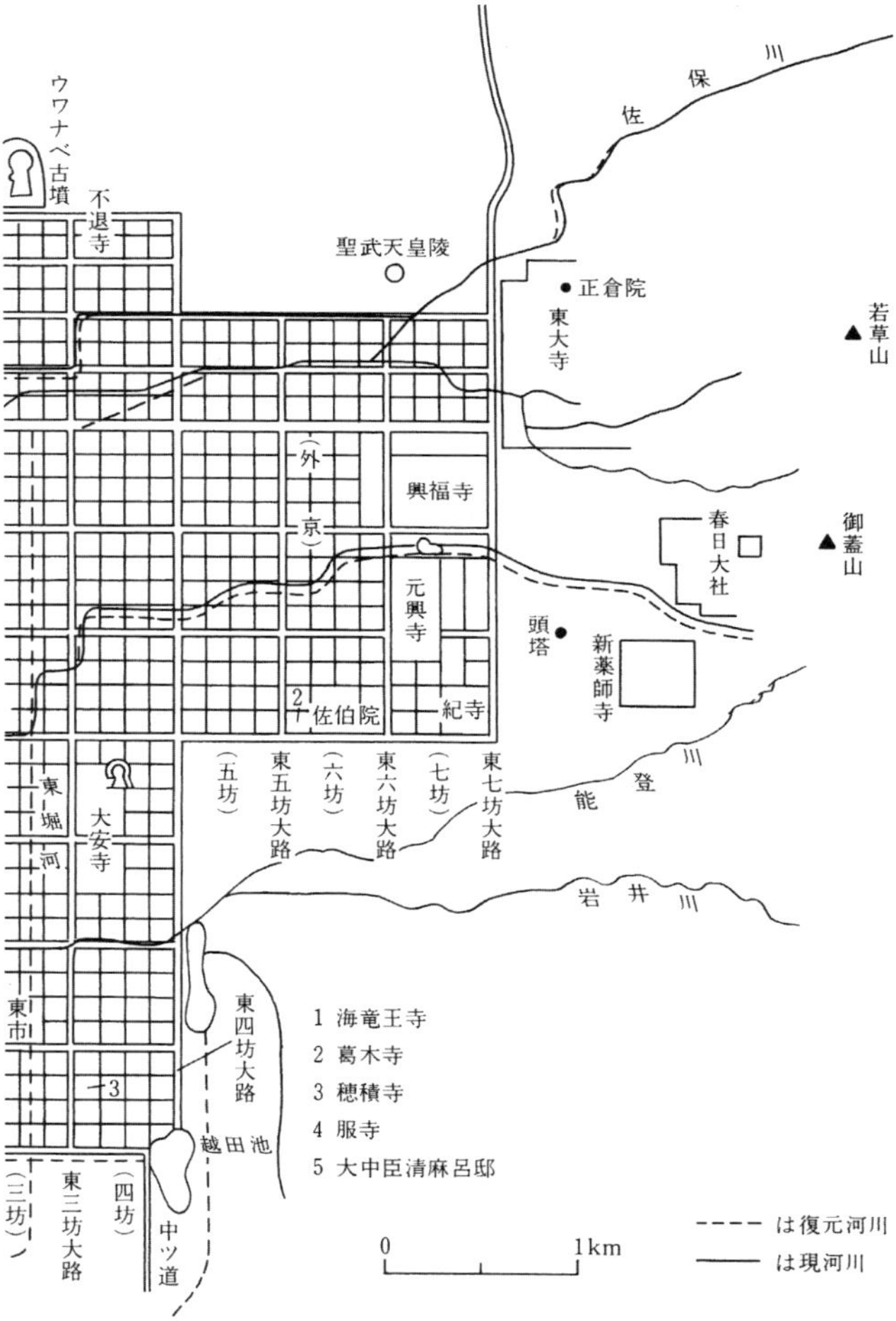
佐保川
ウワナベ古墳
不退寺
聖武天皇陵
正倉院
東大寺
若草山
(外京)
興福寺
春日大社
御蓋山
元興寺
頭塔
新薬師寺
2
佐伯院
紀寺
(五坊)
東五坊大路
(六坊)
東六坊大路
(七坊)
東七坊大路
能登川
東堀河
大安寺
岩井川
東市
東四坊大路
3
越田池
(三坊)
東三坊大路
(四坊)
中ツ道
1 海竜王寺
2 葛木寺
3 穂積寺
4 服寺
5 大中臣清麻呂邸
0
1km
は復元河川
は現河川

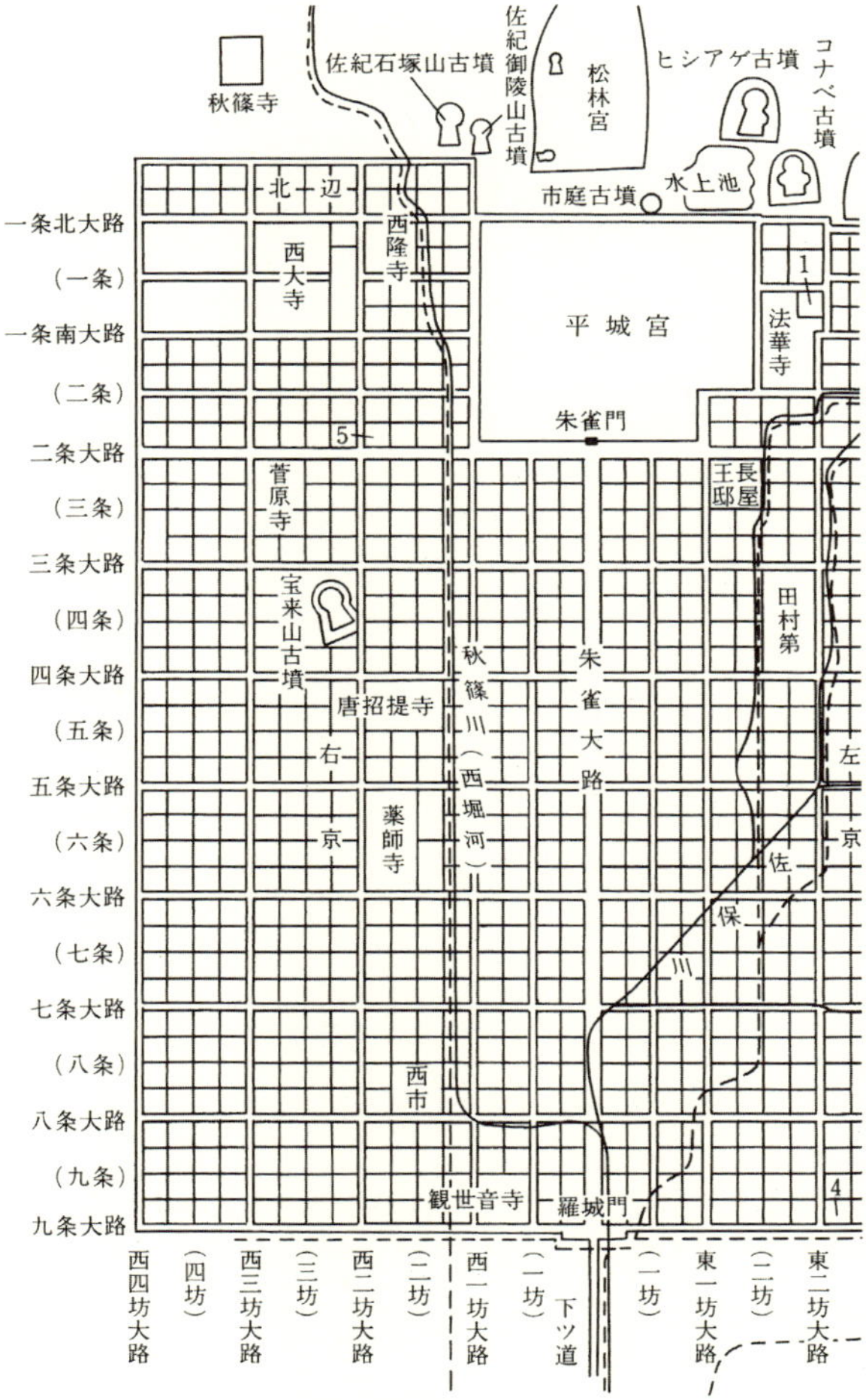

図 23　平城京全体図
（『日本の時代史 4　律令国家と天平文化』吉川弘文館、2002 年所収図を一部改変）

図24　聖武朝の難波宮大極殿跡

遣唐使が見た唐の三都制

初めて日本も複都制となり、聖武は天平五年三月、多治比広成《たじひのひろなり》を遣唐大使とする第一〇次の遣唐使を派遣することにした。広成らは一二月までに長安城に入り、翌年の正月に含元殿《がんげんでん》（図25）で玄宗《げんそう》皇帝に謁見する予定であった。しかし、広成らが訪れた年、唐は長雨による不作によって、長安城は食糧不足となり、翌年の正月早々に玄宗皇帝は洛陽城へ出立した。そこで広成らも洛陽城を訪れ、四月に玄宗皇帝に謁見し、帰朝した。

天平七年三月一〇日、多治比広成は聖武に節刀を返上した。その際に、広成は、唐では養老七年から長安城、洛陽城に太原府《たいげんふ》を加えて三都制であったこと、玄宗皇帝に謁見した洛陽城（図26）は、都の中央を黄河の支流の洛水（洛河）が東西に流れ、多くの船舶によって諸物資が漕運され、じつに賑わった都市であったこと、洛陽城の南一〇キロにある竜門石窟《りゅうもんせっくつ》を訪れ、則天武后《そくてんぶこう》が寄進した盧舎那仏《るしゃなぶつ》の大仏を崇拝したことなどを奏上したものと推測される。

図25　唐長安城の大明宮含元殿跡

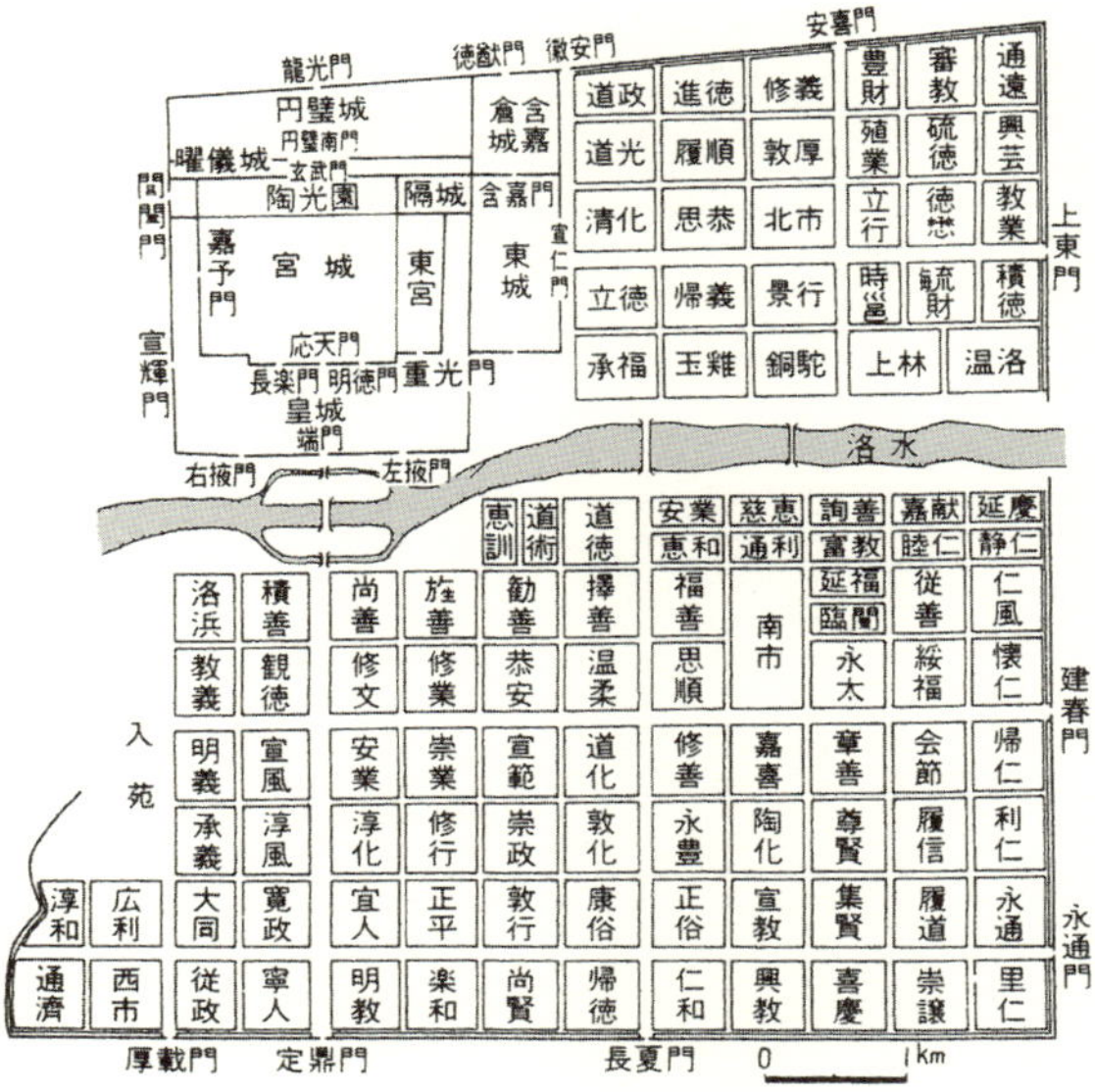

図26　唐洛陽城

（大阪市文化財協会『難波京と古代の大阪』1984年）

恭仁宮・京の造営

その一年後の『続日本紀《しょくにほんぎ》』天平八年三月一日条は、聖武が山背国の泉川河畔にある甕《みかの》原《はら》離宮を訪れたことを記している。これまで、この記事に注目する研究者はいないが、その後の聖武による恭仁《くに》宮・京の造営にとって、その端緒になったと推測されるものである。

この天平八年の後半から一〇年まで、平城京と畿内は大宰府《だざいふ》管内から広まった天然痘の感染症が拡大し、新田部《にいたべ》親王、藤原四子をはじめ、多くの役人らが感染し、病死している。この疫病の感染症がほぼ収束した天平一一年三月二日、聖武は甕原離宮を再び訪れた。そして同月二三日にも、聖武は元正《げんしょう》太上天皇とともに、この離宮を訪れている。

天平一二年一〇月二九日、大宰府管内で九月早々におこった藤原広嗣《ふじわらのひろつぐ》の反乱がまだ完全には終わっていないにもかかわらず、聖武は平城京から東国の伊賀に出立した。伊勢に滞在中に広嗣は捕えられ、処刑されたが、平城京へ還幸することなく、さらに美濃、近江を経由し、一二月一五日、聖武は山背の恭仁郷にとどまり、恭仁宮・京の造営を開始し、遷都している。

このように予告もなしに聖武が造営した恭仁宮・京は、『続日本紀』天平一三年九月一三日条によると、鹿背山《かせやま》の西道を境に東を左京、西を右京に設定した都城であった。また、この恭仁宮・京は、足利健亮氏の復元図によると、左右京の中央部を東から泉川（木津川）

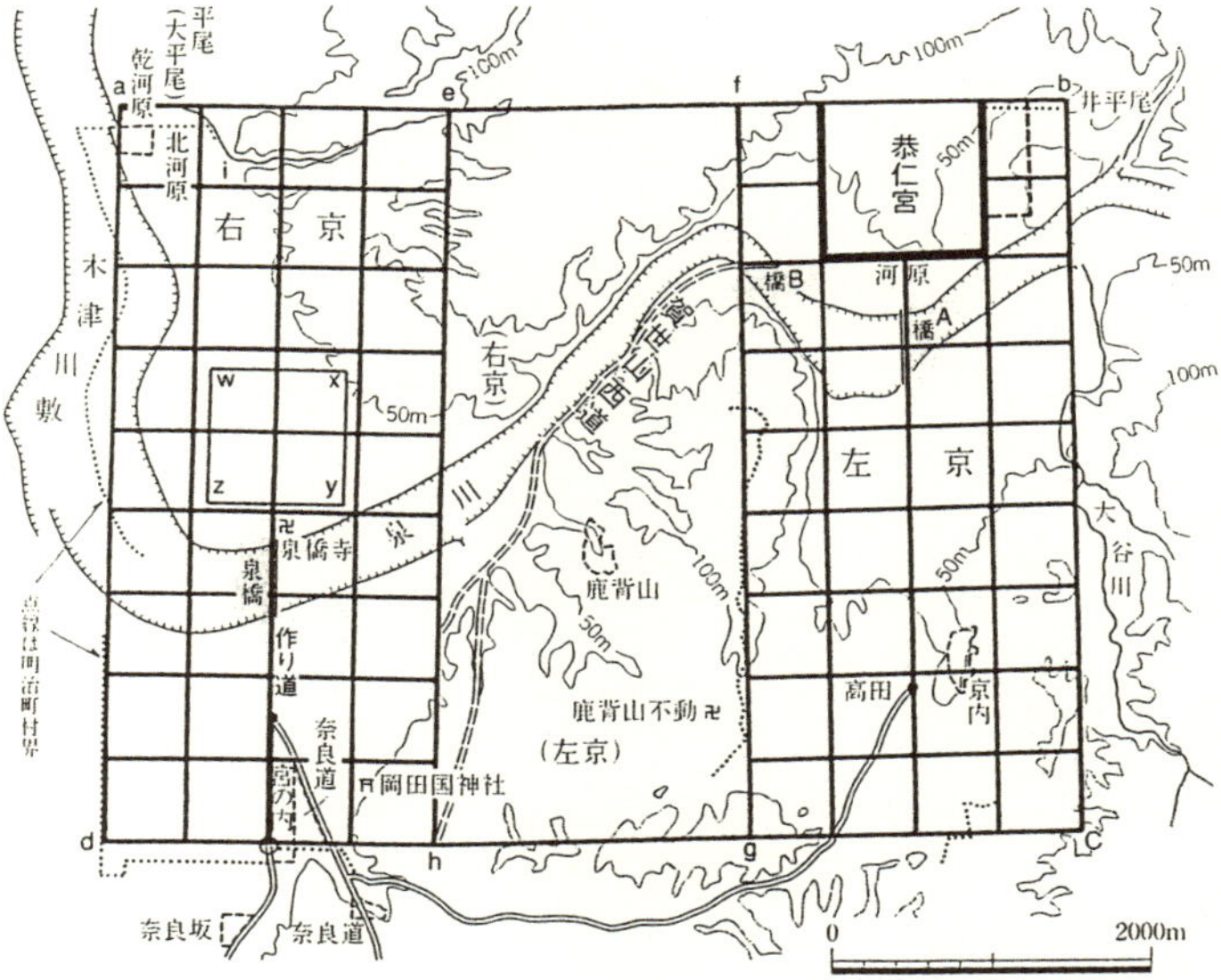

図27　恭仁京の復元（足利健亮案）
（足利健亮『日本古代地理研究』大明堂、1985年）

が東西に貫流する都城であった。そして左京の北端に恭仁宮が配されている。これは、まさに唐の洛陽城をモデルとし、洛陽城の西北端を占めた宮城・皇城に相当する恭仁宮を、恭仁京の東北端に配したものと推測されるものであった。すなわち、洛陽城と恭仁京では、王宮の位置が東西、入れ替わっている。それは、いずれも河川の上流側に王宮を配したものであった（図27）。

聖武による三都制の採用

聖武は、新たに恭仁宮・京を造営することによって、日本も唐と同様に三都制を採用したことを示したものと思われる。この三都制は、平城京の外港となっていた泉津《いずみのつ》と難波津を結び、そして、平城京―恭仁京―難波京を有機的につなぐことを構想したものであったと推測される。しかし、ここには日本が唐のように、三都を必要とする社会であったのか、という根本的な課題を問う必要があったであろう。

天平一三年は、聖武が造営を命じた恭仁宮・京の造営に明け暮れる年であった。この恭仁宮・京は、平城宮・京からわずか六キロしか隔てていない。それだけに、役人らの移住の動きが鈍く、『続日本紀』閏三月一五日条では、五位以上の役人で、平城京に留まる者は、太政官に許可を求めさせ、恭仁京への移転を命じている。

その翌年の天平一四年二月、聖武は恭仁京から近江の甲賀郡に東北道を設けさせた。さらに八月には甲賀郡の紫香楽村に紫香楽宮の離宮を造営させ、行幸した。この紫香楽宮《しがらき》へ の四度目の行幸中の天平一五年一〇月一五日、紫香楽宮の付近に盧舎那仏を造立する詔《みことのり》をだしている。

竜門石窟をモデルとした盧舎那仏の造営

この盧舎那仏は、銅で鋳造する金銅仏として造るものであった。そして、聖武が盧舎那仏の大仏の造立を計画したのが恭仁京の造営中であったことからすると、恭仁京のモデルとした唐の洛陽城にある竜門石窟の盧舎那仏をモデルとしたものと推測される。まさに、聖武は洛陽城をモデルに都城を造営した際に、竜門石窟の盧舎那仏も一体のものとして構想した可能性が高い。

唐の竜門石窟は、洛陽城の南一〇キロにある。しかし紫香楽宮の周辺での盧舎那仏の造立は、北へ三〇余キロを隔てている。この差異を解くのは少なからず難しいが、何らかの信楽の地を選択した要因があったのであろう。

聖武は、盧舎那仏の造立に着手すると、天平一六年閏正月には恭仁宮・京から難波宮・京へ移動し、しかも恭仁宮の高御座《たかみくら》を難波宮に移動させ、難波遷都を計画している。そして、二月二六日には、左大臣の橘諸兄《たちばなのもろえ》が難波遷都の勅を読んでいる。しかし、その二日前に、なぜか聖武は紫香楽宮に行幸している。その直後から盧舎那仏の造立に専念することにしたと推測されるのである。

甲賀宮への遷都

『続日本紀』天平一七年正月元日、聖武は甲賀宮《こうかのみや》に遷都し、その御在所《ございしょ》で五位以上の官人らと饗宴をおこなっている。ついで七日には、大安殿《だいあんでん》で五位以上のものと饗宴し、六位以下の官人らは朝堂で饗宴をおこなったことが記されている。これらの甲賀宮の大安殿、

図 28　宮町遺跡で発見された東朝堂跡
（南より、東朝堂の北端部分にあたる）

朝堂は、離宮であった紫香楽宮の呼称を変えたもの、あるいは紫香楽宮を大改修したものとする考えもあるが、著者は、紫香楽宮の地とは異なる地に、新たに造営したものと考えている。

二〇〇〇年（平成一二）、滋賀県信楽町（当時）の宮町《みやまち》遺跡で、一〇〇メートルを超える規模の南北棟建物が検出された。これは甲賀宮の朝堂とみなされるものであった。また二〇〇一年にはその東でも朝堂が検出されており、長大な朝堂が二棟並んで配されている（図28）。さらに東西に並ぶ二棟の朝堂の中心線上の北で、東西棟で四面に庇をもつ大型建物が検出されている。これは、まさに甲賀宮の大安殿に推測されるものである。

このように、宮町遺跡では、遺跡の中央南部から大安殿・朝堂と推測される建物が検出されており、これらが甲賀宮の朝堂院《ちょうどういん》をなすものと推測できる。また、その北でも、大型の東西棟建物が二棟見つかっており、聖武の御在所をふくむ内裏《だいり》に関連する可能性がきわめて高い。また宮町遺跡では、七〇〇〇点を超える木簡が出土しており、ここで聖武による政務がとられたものと考えて間違いないだろう。

この甲賀宮には、大極殿《だいごくでん》は構築されていないが、ここは盧舎那仏が完成するまでの期間、聖武が政務を担うために、新たに構築した宮都であったと推測されるものである。聖武が構想した三都制は、さらに甲賀宮を造営したことによって、結果的には四都制をなしていたのである。

しかし、このような聖武による平城京・難波京・恭仁京を有機的に営むという三都制の構想は、天平一七年四月二七日、予期せぬ大地震が起こったことから、聖武は平城京へ還都することになり、挫折したのである。

次節では、恭仁宮・京と甲賀宮の造営と遷都の実態を検討し、具体的に述べることにする。

3　恭仁宮・京への遷都

藤原広嗣の乱

奈良時代前半の天平一二年（七四〇）八月二九日、大宰小弐《だざいのしょうに》の藤原広嗣《ふじわらのひろつぐ》が聖武《しょうむ》天皇のもとに上表し、近年の災害や天候の異常を述べ、僧玄昉《げんぼう》、吉備真備《きびのまきび》を相談役から外すように進言した。その直後の九月三日、広嗣は大宰府管内で反乱をおこしている。

そこで聖武は、これに対処するために大野東人《おおののあずまひと》を大将軍に、紀飯麻呂《きのいいまろ》を副将軍に任じ、九州以外の諸国から一万七〇〇〇人の兵を徴発して鎮圧に向かわせている。

反乱をおこした広嗣は、大宰府管内から兵と騎兵を合わせて一万人の兵を率いていた。この広嗣軍は筑紫《つくし》の遠賀《おんが》郡の郡家を本拠として軍営を張り、弩《ど》（横弓）などの武器を所有していた。この戦いでは、一〇月上旬には、派遣された政府軍と豊前国の板櫃《いたびつ》河で対峙したが、このとき広嗣軍では豊前の梲田《しもとだ》勢麻呂の兵五〇〇騎が離反したこともあり、にわかに劣勢となり、その後、広嗣は肥前国へ逃亡した。

聖武天皇の東国への行幸

しかし、戦いはまだ終わっていない一〇月二六日、聖武は大将軍の大野東人らに、「思うところがあるので、暫くの間、東国へでかける。行幸に適した時ではないけれども、やむをえない。将軍らはこれを知っても驚かないようにせよ」と、書翰を送付し、東国へむかって出立したのである。

聖武一行は、平城京から大和の山辺郡を経由し、伊賀国の名張郡に進み、一一月三日に一志郡の河口頓宮に滞在したとき、広嗣を長崎県の五島列島にある値嘉島《ちか》で捕えたという報告が入り、その翌日には処刑した知らせも入った。しかし、聖武は平城京へは戻らず、さらに北へ進んで美濃国の不破郡《ふわ》に入っている。そして、一二月六日、近江を西へ進み、一二月一五日には山背国の南端にある恭仁郷《くにごう》に着くと、そこに留まった。しかも、恭仁宮と恭仁京の造営を命じて遷都したのである。

突然の恭仁宮・京遷都

恭仁宮・京は、平城京から北へわずか六キロを隔てたただけの都であった。そのため、官人のなかには、そのまま平城京から恭仁宮に通う者も少なくなかったので、天平一三年閏四月一五日には、五位以上の者に対しては、勝手に平城京に留まることを禁止し、恭仁京に移転できない者は、太政官の許可を得るように命じている。恭仁宮に、元正《げんしょう》太上天皇の御在所《ございしょ》ができたのは、遅れて七月一〇日のことであった。そして、八月二八日に平城京から東西市も移っている。

恭仁宮・京への遷都は、まったく予期しないことで、この大造営を担当する造宮省ができたのも、九月八日のことだった。正四位下の智努王《ちぬおう》と正四位上の巨勢奈氏麻呂《こせのなてまろ》を、長官の造宮卿に任命している。そして、大和・河内・摂津・山背から役民五五〇〇人を徴発している。このような造宮省の設置の遅れからすると、造営は木工寮《もくりょう》を主体に進めたのであろう。

それでも、恭仁京の条坊の造営は順調に進展したようで、九月一二日には、正四位下の智努王と従四位下の藤原仲麻呂《なかまろ》ら四人を派遣し、恭仁京の宅地の班給を実施している。そして、鹿背山《かせやま》の西道から東を左京、西を右京としている。また、一〇月中旬には、鹿背山の東から流れる泉川（木津川）に橋を架けている。この工事は畿内と諸国の優婆塞《うばそく》らを呼び出して造っており、完成したとき七五〇人を得度《とくど》させている。

そして、一一月には、この宮都を大養徳恭仁大宮《やまとのくにのおおみや》と呼ばせている。その後の天平一四年八月五日、恭仁宮の大垣を自費で築造した造宮省の録《さかん》であった正八位下の秦下嶋麻呂《はたしものしままろ》に、従四位下の位と太秦公《うずまさのきみ》の氏姓《うじかばね》・銭・絁《あしぎぬ》・麻布・真綿を与えた。しかし、恭仁宮の大極殿《だいごくでん》が完成し、そこで聖武が朝賀《ちょうが》を受けたのは、天平一五年の正月のことであった。この大極殿は、平城宮の大極殿を解体して運ばせ、構築したものだった。

『万葉集』にみえる恭仁京

このように、平城京から恭仁京への遷都は、まさに突然のことだっただけに、この造営はじつにせわしいものだった。それでも、恭仁京は鹿背山のもとにあり、『万葉集《まんようしゅう》』には、大伴家持《おおとものやかもち》による、

　十五年癸未の秋八月十六日に、内舎人大伴宿祢家持、久邇の京を讃めて作る歌一首

今造る　久邇の都は　山川の　さやけき見れば　うべ知らすらし

（巻六―一〇三七）

また、宮廷歌人の田辺福麻呂《たなべのさきまろ》が詠んだ「久邇の新京を讃める歌二首并せて短歌」の反歌には、

三香原《みかのはら》　布当《ふたぎ》の野辺を　清みこそ　大宮所　定めけらしも
山高く　川の瀬清し　百代《ももよ》まで　神《かむ》しみ行かむ　大宮所

（巻六―一〇五一・五二）

図29　恭仁宮大極殿跡

と詠んでいる。

しかし、その一方では、

世の中を　常なきものと　今ぞ知る　奈良の
都の　うつろふ見れば
（巻六―一〇四五）

と無常観を強くした人びとも少なくなかったのである。

この恭仁宮は、京都府木津川市加茂町の瓶原《みかのはら》にある。ＪＲ加茂駅から北へ三〇分ほど歩くと、恭仁小学校がある。この校舎の北側に大規模な大極殿の基壇があり、「恭仁京大極殿址」の石標が立っている（図29）。

発掘された恭仁宮跡

恭仁宮跡の発掘は、一九七三年（昭和四八）から京都府教育委員会がおこなっている。

宮域の中央北部に大極殿院、その北に内裏《だいり》、その南に朝堂院《ちょうどういん》と朝集殿院を配していたこ

図30　平城宮第一次大極殿

とが判明している。他に多くの官衙《かんが》（役所）の建物が設けられていたものと推測される。そして、この恭仁宮の規模は、東西五六〇メートル、南北七五〇メートル（四二ヘクタール）で、平城宮の東西一二五〇メートル、南北一〇〇〇メートル（一二〇ヘクタール）からみると、約三分の一の規模に造営されたことが明らかになっている。

恭仁宮のほぼ中央部に設けられた大極殿は、発掘したところ東西四七・七メートル、南北一九・八メートルの殿舎であったことが判明している。この規模は、平城宮の第一次大極殿（図30）と同一のもので、これを解体して移築したものであった。

さらに、大極殿院の北にある内裏には、東地区と西地区の二つの区画が検出されている。東地区には大きな前殿・後殿が配されている。西地区は中心部に東西建物が一棟のみが建てられ、東地区よりも少し区画がせまいので、元正太上天皇の内裏、東区は聖武の内裏であったと推測される（図31）。また大極殿院の南には、朝堂院が配置されていた。現状では朝堂の配置形態はまだ明らかでないが、聖武朝の難波宮のように、八堂が設けられたものと推測される。この朝堂院の南端部では、二〇一五年（平成二七）、重要な儀式に際し、青龍旗・朱雀旗・白虎旗・玄武旗・日像旗・銅烏《どうう》旗・月像旗などの宝幢《ほうどう》を立てた遺構が見つかっている。これは天平一三年（七四一）と天平一四年の元日に立てたものと推測されている。

恭仁宮の宮域は全体に大垣をめぐらし、四面に門が設けられていた。現状では、東面の南門のみが検出されている。この東面南門から南へ伸びる東面大垣は、方位が少し東へずれて構築されていた。これは工事のミスと推測されている。この大垣の構築は、前述した造宮録《さかん》の秦下嶋麻呂が、この工事の費用を負担しておこない、表彰された工事の一部と思われる。

恭仁京の設計プラン

さて、恭仁京の規模と構造は、足利健亮《あしかがけんりょう》氏によって鹿背山の東西に左京・右京を配した復元図が作成されている（前掲図27）。これによると、恭仁京は泉川（木津川）が左京の

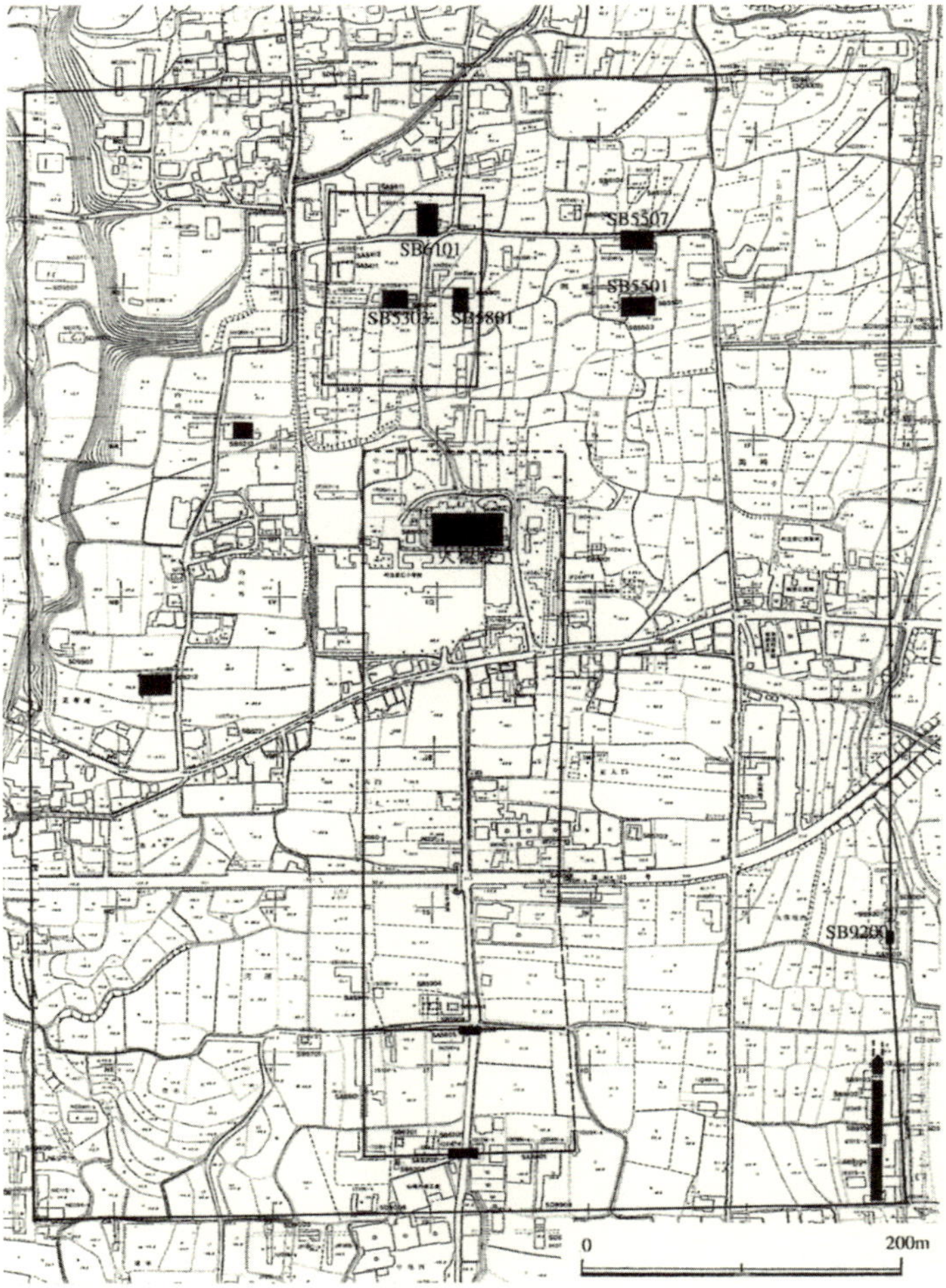

図 31　恭仁宮の遺構
（京都府教育委員会『恭仁宮跡発掘調査報告Ⅱ』2000 年）

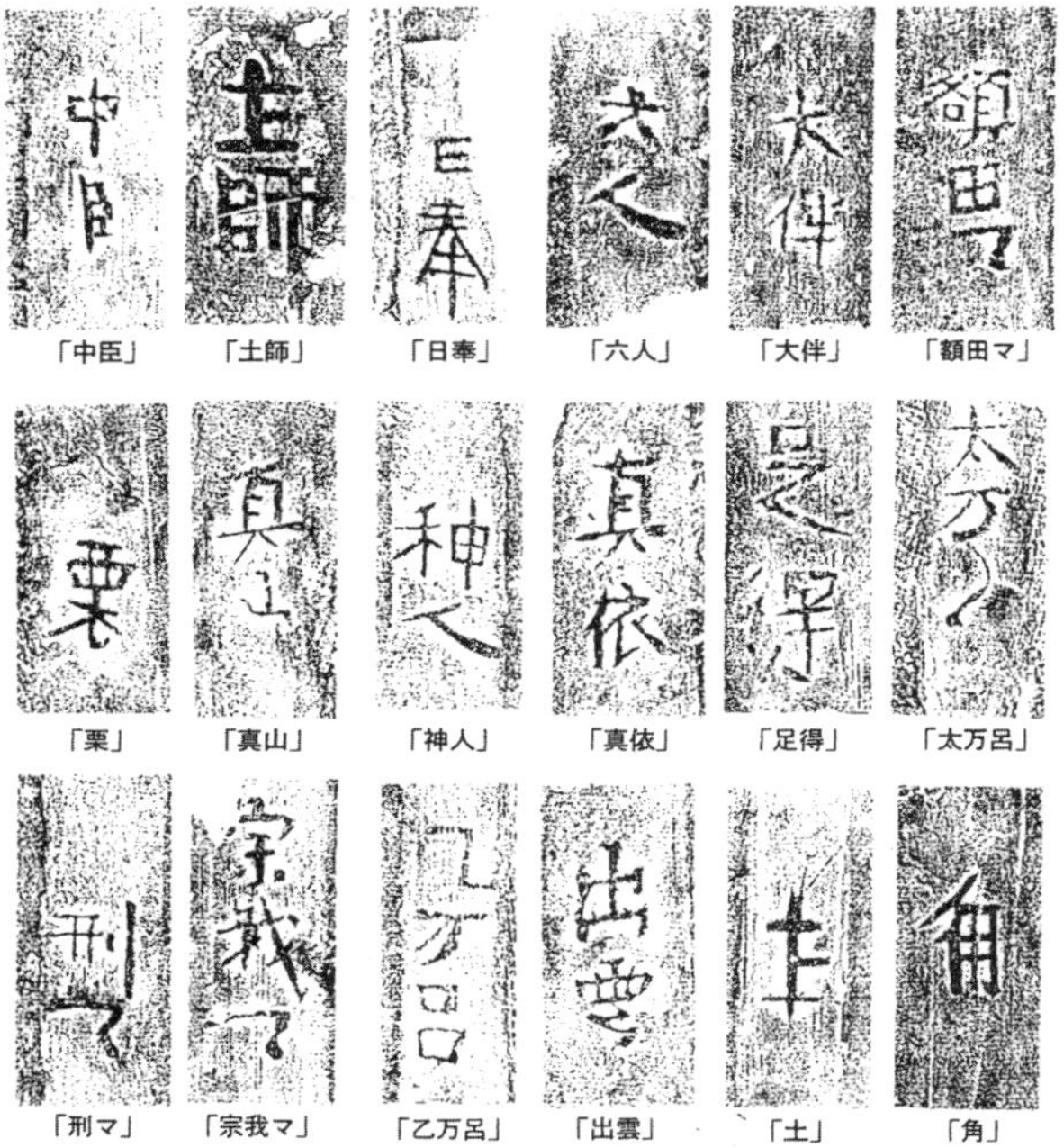

図 32　恭仁宮跡出土の刻印瓦
（京都府教育委員会『恭仁宮跡発掘調査報告Ⅱ』2000 年）

北端部に設けられた恭仁宮のすぐ南を、東から西へ流れ、右京では京の中央部を東西に川が貫流する都城であった。そして、恭仁宮は、左京域では洪水の被害を考慮し、最も高い北の台地上に配されていた。

　このような恭仁京の復元図を見ると、唐の洛陽城では宮城・皇城は北西隅に配されたという差異はあるが、この都城は洛陽城の基本的な構想を模して設計されたものとみて疑いないものである。この左右京の河川の両岸には、洛陽城の洛水（洛河）のように、多くの

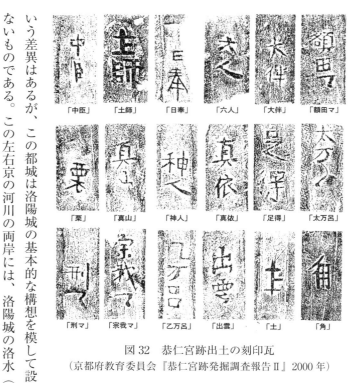

港津《こうしん》が設けられ、諸物資を積んで漕運する船舶で賑わっていたであろう。

瓦に刻まれた人名

また、この恭仁宮跡の発掘で出土した瓦には、平瓦・丸瓦に、真依《まより》・刑部《おさかべ》・宗我部・中臣・出雲・大伴・額田部《ぬかたべ》など、人名を記した刻印瓦がじつに多量に出土している（図32）。これらの刻印瓦は、かつて藤澤一夫氏が明らかにしたように、恭仁宮の丸瓦・平瓦を製作した造瓦工人の名を刻んだものである（藤沢一九六七）。

宮都から出土する瓦で、このように多くの人名を刻んだ例は少ないので、恭仁宮の造瓦所で刻んだ要因を明らかにする必要があるであろう。細かな論証は省略するが、これは瓦の製作では、最終工程の焼成の際に、焼き損じが生じやすいので、製品として仕上がったもののみ功賃を支払う対象にした可能性が高いのではないかと考える。恭仁宮の造営は、にわかにおこった造営だけに、できるだけ造営費の使途を抑えさせた一端が、このように瓦に表れたものと推測されるのである（小笠原二〇一二）。

4　紫香楽宮・甲賀宮の造営と遷都

聖武天皇の紫香楽宮への行幸

天平一四年（七四二）二月四日、聖武《しょうむ》は恭仁宮《くにのみや》・京の造営をおこなっているさなか、恭仁京から近江甲賀郡へ通じる道を造らせた。また、八月一一日、近江甲賀郡の紫香楽《しがらき》村へ出かけるため、紫香楽宮の離宮を造営させ、八月二七日、紫香楽宮を訪れている。ついで、暮れに近い一二月二九日にも紫香楽宮へでかけている。そして恭仁宮へ戻ったのは、年明けの天平一五年正月二日のことであった。

戻った翌日の三日には、ようやく完成した大極殿《だいごくでん》で、朝賀《ちょうが》をうけた。この恭仁宮の大極殿は、前述したように平城宮のものを解体し、回廊とともに運んで建てたものだった。これには聖武の恭仁宮に対する意気込みが示されているように思われる。そして、四月三日にも天皇は紫香楽宮へ出かけている。このときの行幸に同行したのは、五位以上の官人が二八人、六位以下の官人が二三七〇人であった。

さらに、七月二六日にも聖武は紫香楽宮へでかけている。このときの紫香楽宮での滞在は、なぜか長期間となり、滞在したその間の聖武の動向はまったく知りえない。

盧舎那仏造営の詔

一〇月一五日、紫香楽宮の周辺に、盧舎那仏《るしやなぶつ》（大仏）を銅で鋳造する詔《みことのり》がだされた。『続日本紀《しょくにほんぎ》』天平一五年一〇月一五日条の詔には、この国土には、まだ仏の恩がゆきわたっていない。三宝（仏・法・僧）の威力・霊力によって、天と地は安泰となり、万代までのめでたいことをおこない、生きとし生けるものが栄えることが望まれる。そこで国中の銅を費やしてでも金銅の盧舎那仏一体を造ることにすると記されている。

これによって、聖武が甲賀郡に紫香楽宮を造営した意図が明らかになった。しかも、巨大な盧舎那仏の大仏を銅でここに造るという。しかし、恭仁宮・京から遠い近江国の山中に造立する意図はわかりにくいものであった。この盧舎那仏造立の詔がだされた翌日、天皇は東海道・東山道・北陸道の二五国の調《ちょう》・庸《よう》を、紫香楽宮に貢納させることにした。これは大仏造立の財源の一部として利用するためであろう。

その四日後の一九日、天皇は盧舎那仏を造る場所を定め、そこに寺地を開かせている。すると、それまで政府から批判を受けていた行基《ぎょうき》が、みずからの集団を率いて訪れ、また多くの民衆を誘って大仏の造立に参画することになったのである。一一月二日、大仏を造立する工事を開始すると、聖武は恭仁宮に還幸した。紫香楽宮での滞在は、四ヵ月にも及ぶものであった。

難波宮・京への遷都計画

天平一六年閏正月一日、聖武は、百官を朝堂に集めると、恭仁宮・京と難波《なにわ》宮・京のいずれを都とすべきかアンケートをとらせている。恭仁がよいと回答した者は、五位以上が二四人、六位以下が一五七人であった。また難波がよいとした者は、五位以上が二三人、六位以下が一三〇人であった。さらに、市に赴いて市で商いをする市人に尋ねると、難波京と回答した者が一人、平城京を望む者が一人で、他は恭仁京を希望している。しかし、聖武は閏正月一一日に難波宮・京へ出立している。そして、二月一日、恭仁宮から内外の印と駅鈴《えきれい》を難波宮へ運ばせ、二〇日には恭仁宮の高御座と大楯も難波宮に運ばせている。

このような経過からすると、天皇は、なぜアンケートを実施したのだろうか。これは、難波宮・京への遷都を計画していたので、役人らの意向分布を調べたもの、もしくは難波遷都に対する反対者を把握しようとしたものと推測されるであろう。これで、難波遷都の準備はすべて整った。

ところが、二月二四日、聖武は突然に難波宮から紫香楽宮へ向かっている。その二日後の二月二六日、難波宮で左大臣の橘諸兄《たちばなのもろえ》によって、難波遷都の勅が読み上げられている。聖武天皇は不在ながら、都は恭仁宮・京から難波宮・京に遷都したのである。なぜ、天皇は難波遷都をおこないながら、紫香楽宮に移動し、以後は紫香楽宮に滞在したのか。これも解くべき難しい課題である。

甲賀宮の造営と遷都

さて、難波宮から紫香楽宮に移動した後の『続日本紀』四月二三日条は、紫香楽宮で官衙の造営を始めたことを記している。しかし、これは新たな甲賀《こうか》宮の造営であろう。そして、一一月一三日、紫香楽宮の周辺で造立を進めていた盧舎那仏の体骨柱が建てられ、天皇は除幕している。いよいよ盧舎那仏の塑像に、下から銅を流し込む段階になったものと推測される。その四日後、元正太上天皇も難波宮から新たにできた甲賀宮を訪れている。そして、天平一七年正月一日、天皇は朝賀を中止したが、甲賀宮に大楯と槍を立て、遷都したことを示している。また御在所で五位以上の官人らと宴を催し、七日には大安殿で五位以上の役人と饗宴し、叙位の儀式をおこなっている。さらに朝堂で主典《さかん》以上の役人らによる饗宴もなされた。

正月二一日には、盧舎那仏の造立に関与する行基に対し、それまでに例がない大僧正に任じている。しかし、四月に入ると甲賀宮（紫香楽宮）の周辺の山で火災が重なるようになった。四月二七日には美濃を震源とする大地震がおこり、余震が数日も続いている。五月五日、天皇は恭仁宮へ還幸した。そして一一日、平城宮へ還り、中宮院を御在所としている。これによって、甲賀宮で政務を担っていた官人らも平城宮へ戻り、行基らによる大仏造立も中止せざるをえなくなったのである。

紫香楽宮・甲賀宮の所在地

奈良時代に短期間ながら宮都となった甲賀宮、また離宮の紫香楽宮の所在地は、長く不明であった。しかし、甲賀市信楽町の内裏野《だいりの》に多くの礎石《そせき》が所在することから、大正末年に黒板勝美氏による現地の視察後、ここが紫香楽宮跡として国史跡に指定されている。

ところが、一九三〇年（昭和五）、そのころに大津宮の研究をおこなっていた肥後和男氏が短期間ながら、国史跡内で発掘し、東側で塔跡を検出した。これで、紫香楽宮跡と想定されてきた遺存する礎石群は、寺院跡であることが判明した。肥後氏によって、ここにあった紫香楽宮を寺院に改修したものとする考えが提示され、以後は、そのようにみなされるようになったのである。

図33　宮町遺跡で発見された正殿跡（著者撮影）

ところが、一九七一年（昭和四六）ころに、国史跡の紫香楽宮跡の北一・六キロにある宮町《みやまち》で、圃場《ほじょう》整備中に柱根三本が見つかった。これを契機に、一九八三年から当時の信楽町教育委員会によって発掘調査が実施され、二〇〇〇年（平成一二）に宮町遺跡の南半部で、甲賀宮の西朝堂が検出されている。ついで、東朝堂、さらに二棟の朝堂の中軸線上で、正殿の大安殿（図33）と推測される建物も検出された。これで甲賀宮は宮町遺跡にあったことが明らかになったのである。

さらに宮町遺跡では、調の付札などの木簡が七〇〇〇点も出土し、ここに宮都があったことは疑いないこととなった。また二〇〇八年には、すでに公表されていた

「なにわづ」の歌木簡《うたもっかん》の裏に「あさかやま」の歌が記されていることも判明した（栄原二〇一一）。

紫香楽宮と甲賀宮の関係

さて、『続日本紀』では、天平一四年八月、紫香楽宮の離宮を造営し、同一六年一一月には、説明することなく甲賀宮が登場する。そして、同一七年正月には、甲賀宮に遷都している。そこで、紫香楽宮と甲賀宮との関連が問題になる。これは、天平一四年に離宮として造営した紫香楽宮を、同一六年二月末以降は、聖武天皇がここで政務を担ったので、甲賀宮に大改修した場合と、離宮の紫香楽宮と政務を担った甲賀宮は別のものとみなす二つの場合が想定されることになる。

発掘された宮町遺跡（図34）は、多くの木簡が出土するように低地である。ここは離宮の紫香楽宮を造営する条件の地ではないので、著者は、宮町遺跡は甲賀宮であり、紫香楽宮の離宮は他所に設けられたものと考えている。そして、紫香楽宮の離宮は、盧舎那仏の造立のための離宮で、寺院跡が検出されている内裏野の台地の一部に設けられたものと推測される。そして、行基らが盧舎那仏の造立に協力した地もまた、内裏野に所在したものと考える。

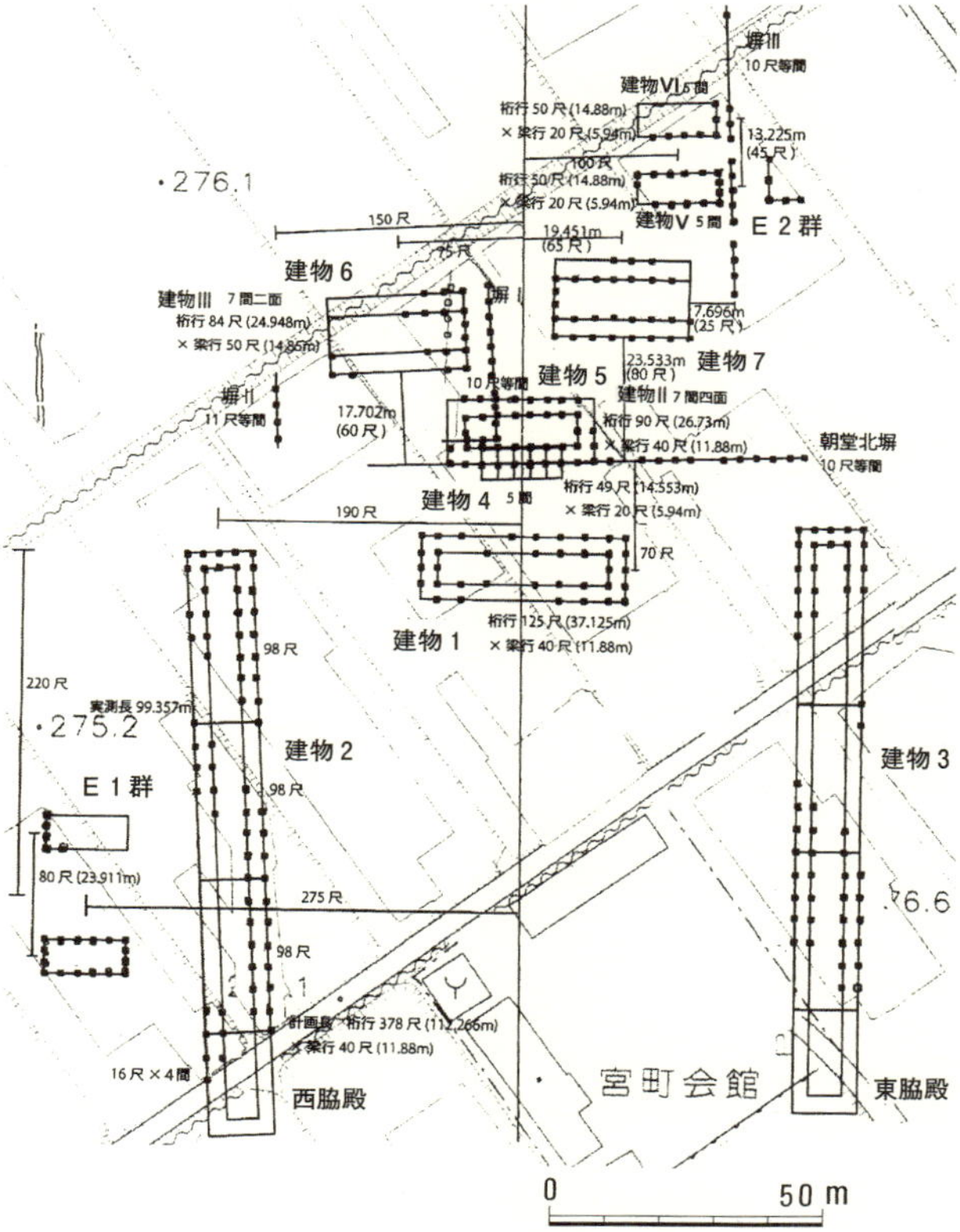

図34　甲賀宮の建物配置
（甲賀市教育委員会提供）

以上のことは、いずれも今後の発掘調査によって、新たに明らかにすべき研究課題である。

5　近江保良宮・京への遷都

保良宮・京の造営の背景

奈良時代の後半の天平宝字二年（七五八）八月一日、孝謙《こうけん》天皇は皇太子の大炊王《おおいおう》（淳仁《じゅんにん》天皇）に皇位を譲った。淳仁天皇は即位すると、政治の機構としての太政官を乾政官《けんせいかん》と改称し、太政大臣を大師《たいし》、左大臣を大傅《たいふ》、右大臣を大保《たいほ》、大納言を御史大夫《ぎょしたいふ》と呼ぶことにした。また、孝謙のとき、皇后宮職《こうごうぐうしき》を改称した紫微中台《しびちゅうだい》を坤宮官《こんぐうかん》と呼び、さらに中務省は信部省、式部省は文部省など、各省の名称もいずれも変更した。

このように、淳仁期は太政官を改称した乾政官と皇后宮職を改めた坤宮官の二つの組織が政権を担うことになった。しかも大保に任じられた藤原仲麻呂《ふじわらのなかまろ》が所属する坤宮官の方が光明《こうみょう》皇太后と一体の組織だっただけに、実権を掌握している。そして、天平宝字三年一一月、中臣丸連張弓《なかとみのわにのむらじはりゆみ》ら八人を近江に派遣し、保良宮《ほらのみや》の造営を開始した。また、その周辺に保良京の造営も始めている。天平宝字五年正月には、粟田奈勢麻呂《あわたのなせまろ》ら九人に、保良京で史生《ししょう》以上の官人らを対象に宅地の班給をおこなわせているが、この近江は、国守を藤原仲麻呂が兼任しているところでもあった。

平城京からの遷都

このような保良宮・京の造営にともない、藤原仲麻呂、船《ふねの》親王、池田《いけだの》親王、石川年足《いしかわのとしたり》、文屋浄三《ふんやのきよみ》、井上《いのえ》内親王らに、保良京で邸宅を造営するための経費が与えられている。そして、淳仁は天平宝字四年八月に飛鳥の小治田《おはりだ》宮へ、また天平宝字五年正月には小治田岡本宮に数日の行幸をし、平城宮に還幸した後の一〇月一三日、平城宮・京から淳仁と孝謙上皇による保良宮・京への遷都がおこなわれた。

平城宮と近江の保良宮とは、四〇キロほど離れているので、保良宮へは数日を要した。到着後の一九日、天皇・上皇は近江の按察使《あぜち》であった藤原御楯《みたて》と大師（太政大臣）となっていた藤原仲麻呂の邸宅を訪れ、饗宴をおこなっている。そして、『続日本紀』天平宝字五年一〇月二八日条は、平城宮を改作するので、しばらく近江の保良宮に遷ることを述べている。このため、近江国庁の史生以上の官人、平城宮から行幸に奉仕した者への褒賞《ほうしょう》を記し、さらに淳仁は、保良京を平城京に対し、北京と呼び、ここにしばらく滞在することを記している。

この保良宮の造営は『続日本紀』には、平城宮の改修のためと記されているが、宅地を班給した保良京をともなうものであった。これは、飛鳥の藤原宮・京から平城宮・京へ遷都してから、すでに五〇年余を経過していたので、この改作工事に少し長い期間を必要とすることをうかがわせるものである。また、遷都した地は、仲麻呂が国守を担っていた近江であったことからみて、この保良宮・京への遷都は、仲麻呂による計画であったことも疑いない。

石山寺の増改築工事

『続日本紀』には記されていないが、『正倉院文書《しょうそういんもんじょ》』には、保良宮・京へ遷都がおこなわれた直後の天平宝字五年一一月から、保良宮の近くにあった石山寺《いしやまでら》で、大増改築工事を開始していることが記されている。この石山寺の造営は、東大寺の造営を担っていた造東大寺司が担当し、造石山寺所を設けて進めている。

この大造営をおこなう以前の石山寺は、檜皮葺《ひわだぶき》仏堂一棟、板葺板倉一棟、若干の板屋が建てられたにすぎない小寺であった。しかし、この大増改築では、本尊の塑像《そぞう》の丈六観世音菩薩を制作し、また仏堂（金堂）・法堂（講堂）・食堂・経蔵・僧房など、二六棟の建物を構築するものであった。さらに、ここで大般若経一部、六〇〇巻の写経もあわせておこなっている。

保良宮造営の背景

さて、平城宮から遷都した保良宮には、淳仁と孝謙上皇の御在所《ございしょ》と、『正倉院文書』によると仁部省（民部省）、文部省（式部省）などがあったことが記されている。近江の保良宮の造営は、『続日本紀』天平宝字五年一〇月二八日条は、平城宮の改作のためと記している。しかし、この前後には、じつは以下のような注目すべき動向があったのである。

天平宝字二年一二月、渤海《ぼっかい》から帰朝した遣渤海使《けんぼっかいし》の小野田守《おののたもり》は、三年前の天平勝宝七年（七五五）に唐で安禄山《あんろくざん》の乱が起こり、玄宗《げんそう》が四川省へ逃れていることを伝えた。そこで、藤原仲麻呂は渤海国と連携し、新羅《しらぎ》を攻める千載一遇の機会と理解した。天平宝字三年六月、新羅を征討するため大宰府に行軍式を、九月には諸国に船五〇〇艘を造らせている。ついで一一月、保良宮の造営に着手し、同五年正月に保良京で史生以上の官人らに宅地を班給した。そして一〇月中旬に保良宮・京に遷都した直後の一一月、藤原朝獦《あさかり》ら節度使を任命し、船三九四艘、兵士四万七〇〇〇人を動員している。

このような状況のもとで、近江の保良宮・京へ遷ったことからみると、村井康彦氏が『古京年代記』（一九七三年）に、保良宮・京への遷都は、新羅征討のための本拠地にしたと理解したのは、妥当な考えであった。この村井氏の考えは、その後は多くの古代史研究者によって評価されている。

保良宮・京の所在地

一方、近江に造営された保良宮・京の所在地の研究は、古く『滋賀県史』（一九二八年）が石山国分二丁目に「洞ノ前《ほらまえ》」の小字があり、「ヘソ石」と呼ぶ出枘式《でぼそしき》の礎石が遺存することから、この地に求めていた。

しかし、一九三三年（昭和八）、肥後和男氏はそれを否定し、後述するように石山国分台地に所在したとされている国昌寺《こくしょうじ》に推測している。また、一九四四年、大井重二郎氏も洞ノ前の地は狭いとし、東方の台地に営まれたものと想定している。

戦後の一九六一年、石山国分台地の西端部に晴嵐《せいらん》小学校が移転することとなり、その事前調査で、掘立柱《ほったてばしら》建物が検出され、奈良時代後半の軒瓦《のきがわら》が出土した。また二〇〇二年（平成一四）、晴嵐小学校の南隣接地に建設する南消防署用地の発掘でも、掘立柱建物や塀が検出され、奈良時代後半の平城宮と同笵《どうはん》の軒瓦が出土している。そこで、ここに保良宮が設けられたとする考えもある（図35）。

ところで、保良宮へ遷る以前の平城宮には、大極殿院《だいごくでんいん》・朝堂院《ちょうどういん》・内裏《だいり》・諸官衙《かんが》が設け

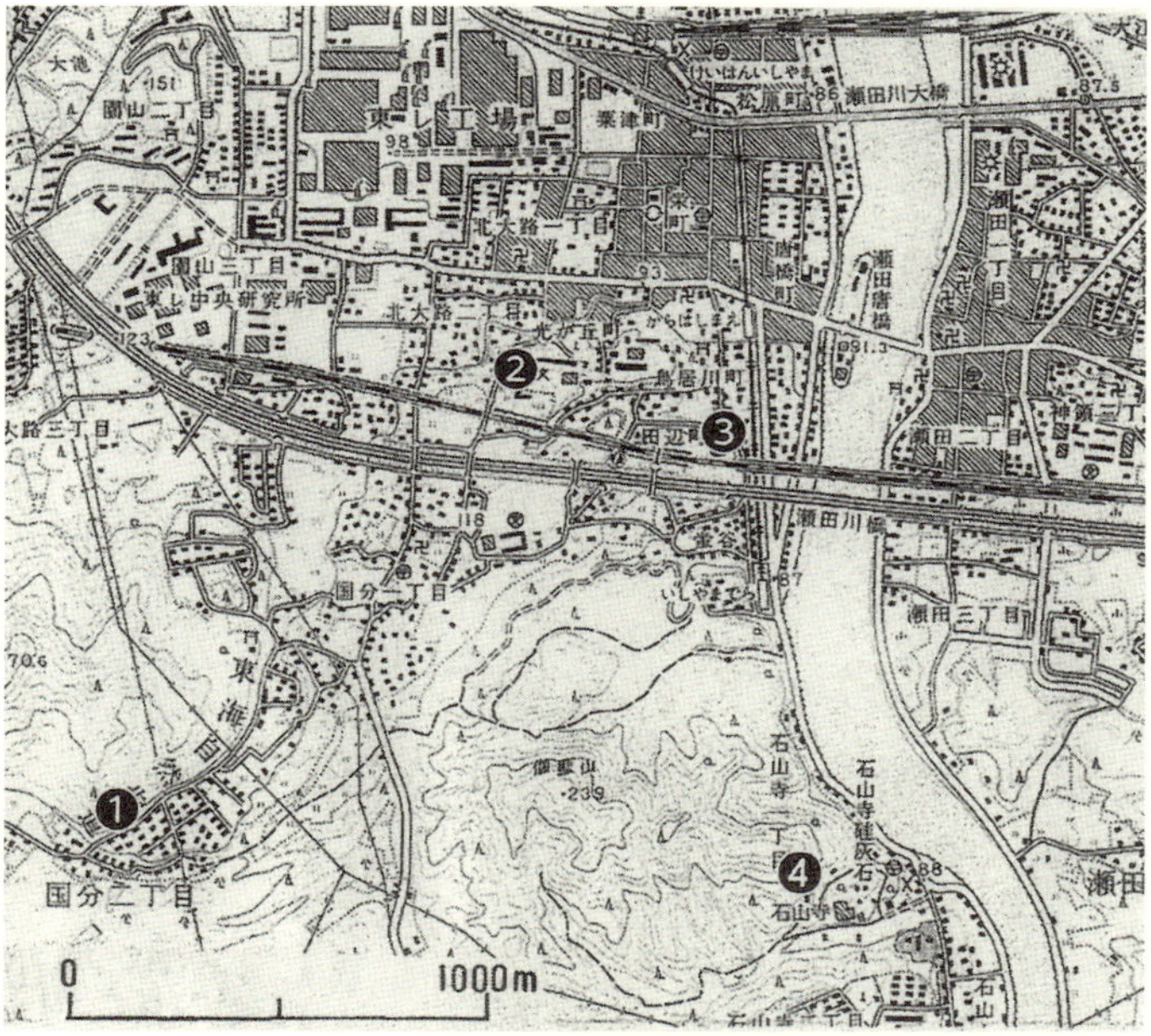

❶へそ石の所在地　❷石山国分遺跡　❸住友活機園　❹石山寺

図 35　保良宮の関連遺跡（著者作成）

られている。これらのうち、天皇の御在所をふくむ内裏は、外郭の区画施設の一部にのみ瓦葺きしているが、内裏正殿の一郭や御在所の殿舎は瓦葺きしていない。

　このような平城宮の内裏地区の殿舎の性格からすると、石山国分台地の西方部で検出されている遺構は、淳仁・孝謙上皇の御在所ではなく、官衙（役所）の建物と想定される。すなわち、淳仁と孝謙上皇の御在所は、その周辺の他所に営まれたものと推測すべきであろう。

図 36　住友活機園のある田辺台地

淳仁天皇と孝謙上皇の御在所

そこで、前述した石山寺との関連をふくめて御在所の造営地を求めると、石山国分台地の南三〇〇《メートル》にある田辺台地が可能性の高い候補地になる。この台地の東端部は、東西二五〇《メートル》、南北一五〇《メートル》、周辺との比高一〇《メートル》をなし、東端に住友活機園《すみともかつきえん》（図36）がある。ここは一九〇四年（明治三七）、二代目の住友総理事であった伊庭貞剛《いばていごう》氏が設けた別墅《べっしょ》である。この場所の東端からは、北東に琵琶湖と勢多唐橋、東に瀬田川、南に石山寺の北に広がる伽藍山をよく眺望することができる。

この敷地はこれまで瓦の散布がなく、また礎石《そせき》も知られないので、保良宮の御在所の殿舎は、ここに構築されたのではないかと推測される。田辺台地の東端に淳仁、その西に孝

郵便はがき

料金受取人払郵便

本郷局承認

6771

差出有効期間
2026年7月
31日まで

113-8790

東京都文京区本郷7丁目2番8号

吉川弘文館 行

愛読者カード

本書をお買い上げいただきまして、まことにありがとうございました。このハガキを、小社へのご意見またはご注文にご利用下さい。

お買上**書名**

＊本書に関するご感想、ご批判をお聞かせ下さい。

＊出版を希望するテーマ・執筆者名をお聞かせ下さい。

お買上
書店名　　区市町　　書店

◆新刊情報はホームページで　https://www.yoshikawa-k.co.jp/

◆ご注文、ご意見については　E-mail:sales@yoshikawa-k.co.jp

ご氏名《ふりがな》		年齢　　　歳　男・女	
〒□□□-□□□□ ご住所		電話	
ご職業		所属学会等	
ご購読新聞名		ご購読雑誌名	

今後、吉川弘文館の「新刊案内」等をお送りいたします(年に数回を予定)。
ご承諾いただける方は右の□の中に✓をご記入ください。　□

注 文 書

月　　日

書　　名	定　価	部　数
	円	部
	円	部
	円	部
	円	部
	円	部

配本は、○印を付けた方法にして下さい。

イ. 下記書店へ配本して下さい。
(直接書店にお渡し下さい)

(書店・取次帖合印)

書店様へ＝書店帖合印を捺印下さい。

ロ. 直接送本して下さい。

代金(書籍代＋送料・代引手数料)は、お届けの際に現品と引換えにお支払下さい。送料・代引手数料は、1回のお届けごとに500円です(いずれも税込)。

＊お急ぎのご注文には電話、FAXをご利用ください。
電話 03−3813−9151(代)
FAX 03−3812−3544

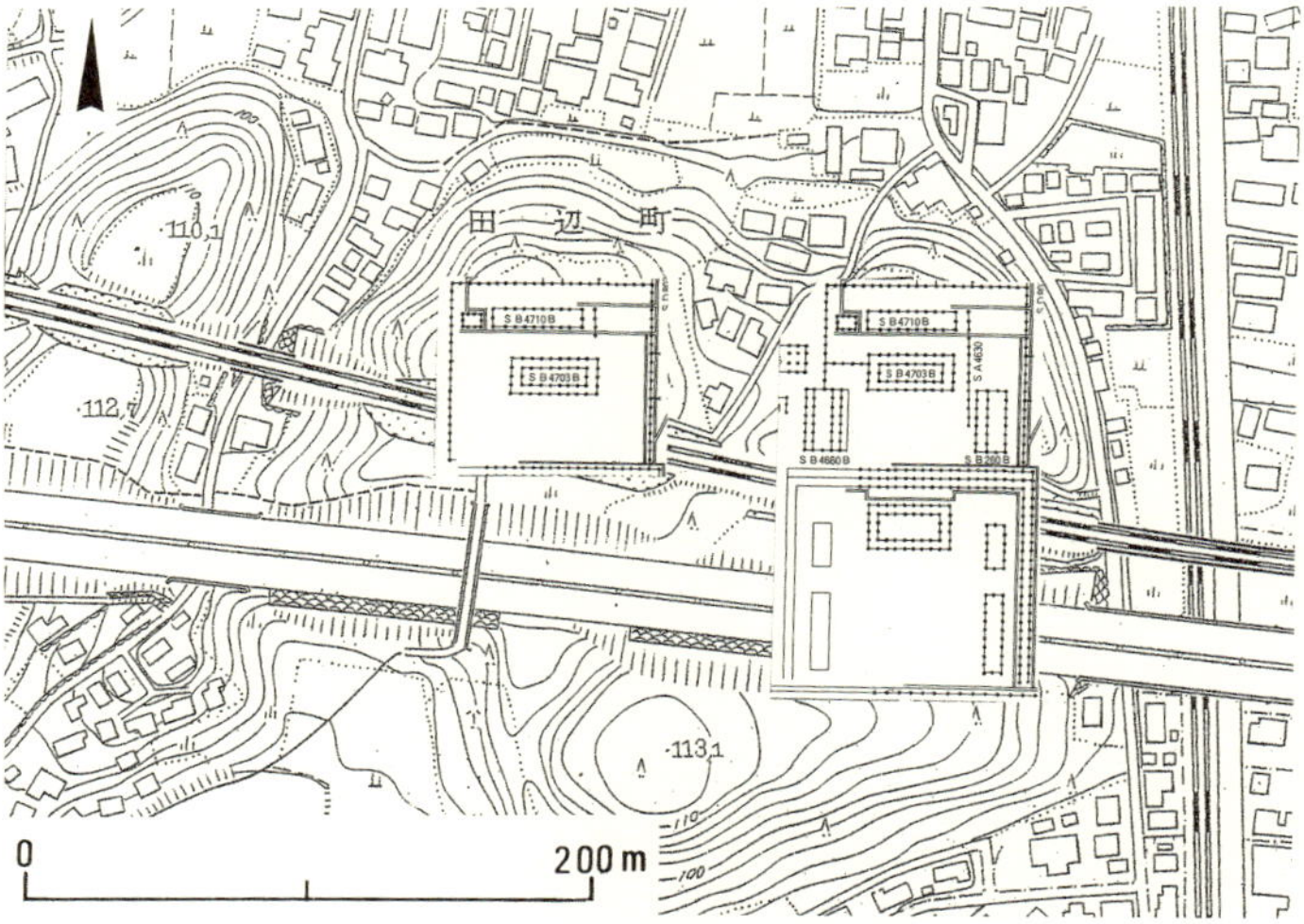

図 37　保良宮内裏の想定復元図

謙上皇の御在所が設けられたものと推測される。淳仁の方には、天平宝字年間に大改修する以前の平城宮第Ⅲ期と同様の御在所と内裏正殿区の殿舎、孝謙上皇の方には、簡素に配した殿舎が配されたものと思われる（図37）。

　このように、田辺台地に保良宮の御在所、その北の石山国分台地に官衙の建物が構築されたとすると、保良京は、その北に広がる石山商店街をふくむ平坦地に造営されたものと推測される。このような配置は、北に平城宮、その南に平城京を設けたのとは、方位的には逆に配された宮都であったと推測されることになるであろう。今後のさらなる研究が必要である。

第三章

平城京と寺々の世界

1　興福寺と西金堂の造営

興福寺の造営と藤原氏

奈良市街の東方、平城京では外京《げきょう》にあたる地に、興福寺《こうふくじ》がある。この興福寺には、平城京へ遷都した直後に中金堂を中心とした金堂院、その北に講堂と三面僧房《さんめんそうぼう》が設けられていた。その後、養老四年（七二〇）八月に藤原不比等《ふじわらのふひと》が没し、翌年八月三日の一周忌に北円堂が金堂院の西北に建てられている。

ついで、神亀三年（七二六）、元正《げんしょう》太上天皇が重病になったので、聖武《しょうむ》天皇が東金堂を造営し、また天平二年（七三〇）には光明皇后の発願《ほつがん》によって東金堂の南に塔が建てられている（図38・39）。

県犬養橘三千代の死と西金堂の造営

さらに、天平五年正月一一日、藤原不比等の妻であり、光明《こうみょう》皇后の母である県犬養《あがたいぬかい》

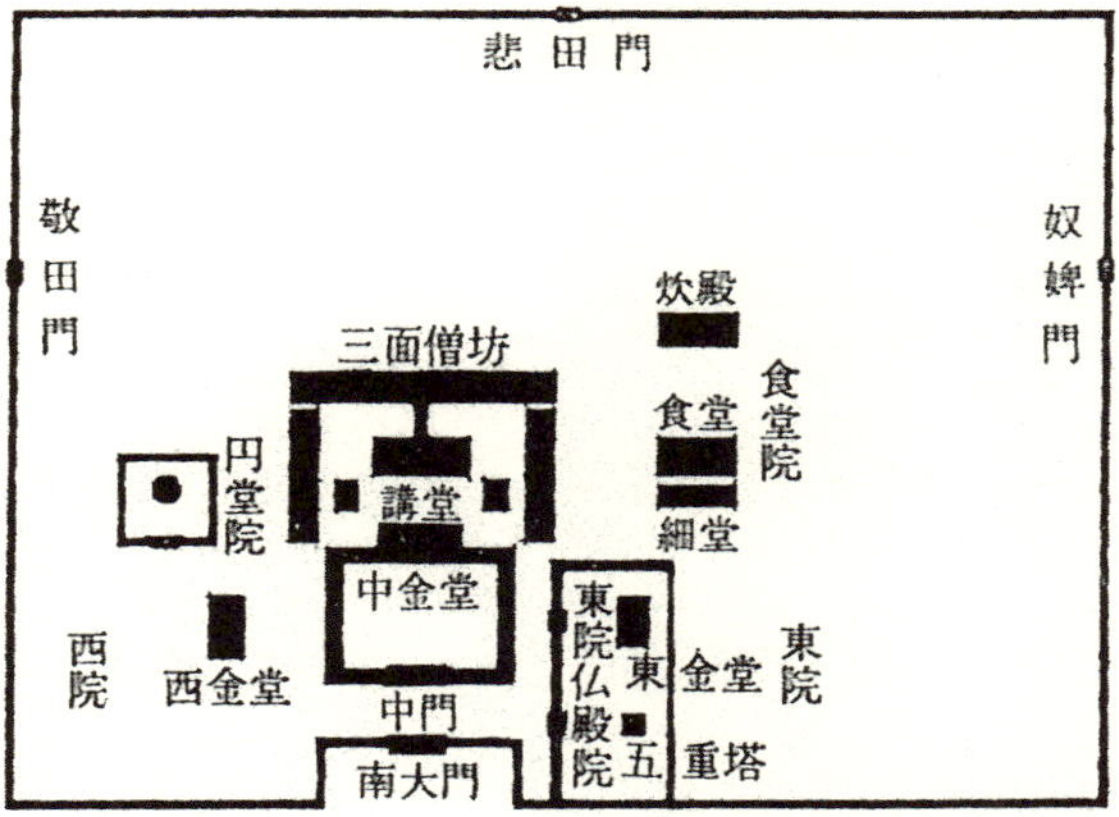

図 38　興福寺の伽藍
（大岡實『南都七大寺の研究』中央公論美術出版、1966 年）

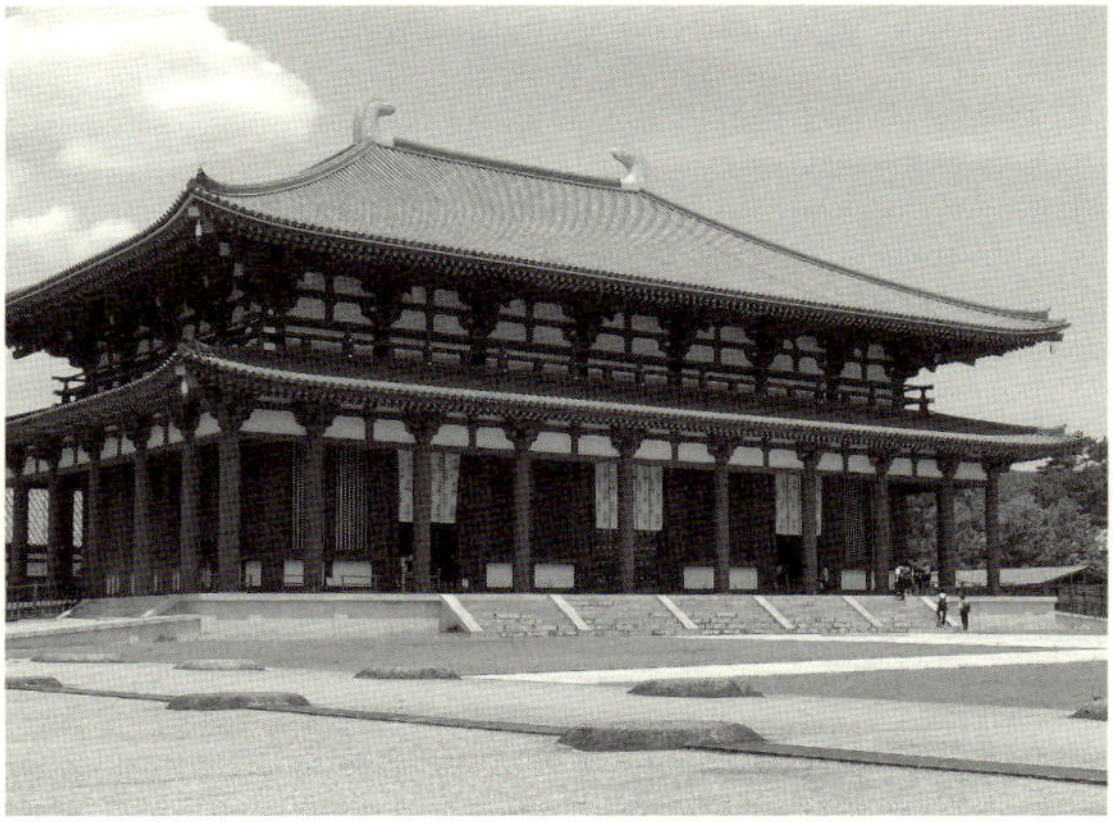

図 39　復元された興福寺中金堂

橘三千代《たちばなのみちよ》が没し、その直後から三千代を弔うために西金堂の造営を開始している。三千代は美努《みぬ》王と結婚し、葛城王《かずらきおう》（橘諸兄《たちばなのもろえ》）・佐為《さい》王、牟漏《むろの》女王《じょおう》を生んでいる。ところが、文武朝の初めごろに美努王と離婚し、藤原不比等と結婚している。そして、大宝元年（七

図40　興福寺西金堂跡（東から）

〇一）に光明子（安宿媛《あすかべひめ》・光明皇后）が生まれている。

三千代は朝廷の後宮で、天武朝から歴代の天皇に仕えた女官である。その勤務態度が高く評価され、元明《げんめい》天皇が即位したときの大嘗祭《だいじょうさい》の宴で、橘宿禰の氏姓《うじかばね》を賜与されている。養老五年正月には正三位に叙されているが、同年五月に元明太上天皇が重病になったので出家した。

その後の天平五年正月一一日、三千代が没すると、聖武天皇は、従四位下の高安《たかやす》王らを遣わし、散位の一位の者に准ずる厳かな葬儀をおこなわせている。さらに一二月二八日、一品の舎人《とねり》親王、大納言の藤原武智麻呂《むちまろ》、式部卿の藤原宇合《うまかい》らが三千代の邸宅に派遣され、従一位が贈られている。

藤原氏の氏寺である興福寺において、三千代の一周忌の斎会をおこなうために、中金堂を挟んで東金堂と対称の西の位置に西金堂が造営された（図40）。

西金堂造営の記録

この西金堂は、『興福寺流記《こうふくじるき》』に、桁行《けたゆき》七間、梁行《はりゆき》四間の南北棟で、丈六釈迦仏像、脇侍の観音菩薩、十大羅漢《らかん》、八部力士、四天王、梵釈天像などの仏像が安置されていたと記されている。さらに天平宝字年間に作成された『興福寺伽藍縁起幷流記資財帳』である『宝字記』の記載を引用し、長さ（桁行）九丈七尺、広さ（梁行）五丈二尺の建物であったと記載している。

西金堂の造営に関連する史料は、『正倉院文書《しょうそういんもんじょ》』の中に、「造物所作物帳」が残っている。この文書は、福山敏男氏の「奈良時代に於ける興福寺西金堂の造営」（福山一九四三）によって、『正倉院文書』に分散して収録されていたものが、上巻・中巻・下巻から構成されていたことが明らかにされている。この「造物所作物帳」は、造物所で仏像、灌頂四具、経蔵厨子《きょうぞうずし》二具、高座二具、さらに瓷器《しき》など大小の仏具などを製作する材料として購入した物品を記録した「銭用帳」の上巻、写経に関連するもの、灌頂、経蔵厨子など、作成された個別の製品を造るのに必要とした材料を記録した中巻の一部が残っている。

西金堂の仏殿を構築する造営であるので、最も重要な建物を建てる建築材、建物の内装・外装、さらに屋根を葺く瓦に関連する記録もあったと推測される。しかし、それらは残念ながら今日までは残されていない。「造物所作物帳」の内容は、西金堂の建物の内部に安置する仏像、経蔵厨子、仏像を覆う灌頂、さらに一周忌の斎会に使用した三彩陶器の鉢、緑釉《りょくゆう》陶器などの仏具を作成した記録ということになる。この「造物所作物帳」によって、大規模な仏殿の造営が、どのように組織を編成して進め、また必要とする多様な材料を調達したのかを知ることができる。

県犬養橘三千代の一周忌と奉納物

興福寺西金堂では、県犬養橘三千代が没した一年後の天平六年正月一一日、四〇〇人の僧侶によって一周忌の斎会《さいえ》が盛大におこなわれた。『宝字記』によると、この西金堂には、前述したように釈迦丈六像一体、脇侍菩薩二体、羅漢像一〇体、羅睺羅《らごら》（釈迦の子）形一体、梵天像一体、帝釈像一体、四大天像、八部神王、師子形二頭などが安置されている。そして、四角な蓋をなし、鈴や鳳凰の金堂の飾りのつく大小の幡をともなう灌頂四具、宮殿の形をした多くの金属や象牙の飾りがつく経蔵厨子二基、黒漆の高座二具がおかれている。また、この斎会のために三彩陶器の鉢四個と三〇〇〇個の緑釉陶器の坏が製作されている。

以上は、造物所の組織として設けられた木工所・仏工所・画工所・金工所・鉄工所・玉作所・瓷作所などに所属する工人によって製作されている。そして、これらの部署は広い興福寺の境内の一郭に設けられたと思われる。しかし、三彩陶器の鉢四個や緑釉陶器の坏三〇〇〇個を製作した瓷作所は、須恵器《すえき》窯と同様の窯を設ける必要があるため、近くの丘陵地に置かれたものと推測される。

これらの製作部門のうち、木工工人は猪部多婆理《いなべのたばり》、仏師は将軍万福《しょうぐんまふく》、画師は秦牛養、装潢《そうこう》は椋橋部小澤、銅工工人は穴太《あのう》小廣、鈴工工人は錦部足桙、鉄工工人は野家《のけ》葦人らを頭領として作成している。また、これらの製作工人をみると、いずれも渡来系の技術工人が担当していたことがわかる。

作成された仏像の大半は、脱乾漆《だつかんしつ》像なので漆を塗って仕上げている。そのために買い求めた漆は二〇斛九斗一升、四〇九貫五五〇文と記されており、想定される西金堂の建物の建築費五〇〇貫と大差がないものであった。

あいつぐ火災と残された仏像

この西金堂が建立された後、興福寺は元慶二年（八七八）、寛仁元年（一〇一七）、さらに永承元年（一〇四六）にも大火災があり、この永承の火災のとき西金堂も焼失した。再建された西金堂は、治承四年（一一八〇）一二月の兵火でも焼失している。さらに興福寺は、江戸時代の享保にも火災があった。

このように、興福寺は伽藍が建立された後、数回の火災があったが、福山敏男氏の詳細な西金堂の造営に対する研究（福山一九四三）によると、羅漢像一〇躯（十大弟子）、さらに阿修羅《あしゅら》像をはじめ迦楼羅《かるら》像・沙羯羅《さかつら》像などからなる八部神王（八部衆像）は、幸い今日まで興福寺に残っている。しかも、これらの仏像は、前述した仏師の将軍万福、画師の秦牛養らによって制作されたこともわかる。このうち仏師の将軍万福は、諸仏像を造った仏師たちの頭領だったため、彼が制作したということになった。将軍万福は、『日本書紀《にほんしょき》』欽明紀に、百済《くだら》から訪れた将軍三貴の末裔と推測される人物である。

唐から導入の技術で作られた陶器類

また、「造仏所作物帳」には、瓷器として三彩陶器の鉢四個、緑釉陶器の坏三〇〇〇個、火爐《かろ》（火鉢）四個、火爐机四個、白銅鍋一〇個、香印盤四〇個、講読坐床二台が製作されたことも記されている。

これらのうち、瓷作所で作成された三彩陶器の鉢・緑釉陶器の坏は、その材料として黒鉛・赤土・膠《にかわ》・緑青・白石・猪脂《いのししあぶら》を使用している。これらは奈良時代に新たに唐から導入された三彩陶器・緑釉陶器の製作技術によって造られたものである。その材料の瓷坏土二五〇〇斤（一五〇〇キロ）は、北河内の交野《かたの》から車五台で運んでいる。

以上述べた興福寺の西金堂の造営は、光明皇后の母の三千代の一周忌のために、皇后宮職のもとにおこなわれたものであった。また前述したように、これに関連して作成された『正倉院文書』の「造仏所作物帳」に対する福山敏男氏による詳細な分析（福山一九四三）によって造営への従事者と製作された諸物品などがほぼ明らかにされている。そして、福山氏によると西金堂の造営費は、仏殿（仏堂）の構築費として約五〇〇貫、漆代四〇九貫、さらに、関与した工人が五万五一〇七人となり、総工費は二〇〇〇貫ほどと推測されている。

2　聖武天皇と信楽での大仏造立

紫香楽付近での大仏造営計画

天平一四年（七四二）二月五日、聖武《しょうむ》天皇は恭仁宮《くにのみや》・京の造営のさなか、近江甲賀郡に東北道を開通させた。ついで、八月一一日には、造宮卿の智努王《ちぬおう》らに、紫香楽村に紫香楽《しがらき》宮の離宮の造営を命じた。そして、同二九日に紫香楽宮へ行幸し、その後、一二月末から正月元日まで紫香楽宮に滞在した。また天平一五年にも四月、さらに七月二六日にも行幸し、そのまま紫香楽宮に滞在し続けている。そして、一〇月一五日、紫香楽宮の周辺に盧《る》舎那仏《しゃなぶつ》（大仏）を造立する詔がだされたことは前述した。

この盧舎那仏を造立する計画は、中国の雲岡石窟《うんこうせっくつ》や竜門《りゅうもん》石窟の盧舎那仏（図41）のように、岩山に彫るのではなく、銅を流して鋳造するものであった。『続日本紀《しょくにほんぎ》』には、その四日後に行基《ぎょうき》とその集団が参集し、この盧舎那仏の造立に参画したことが記されている。これによって、聖武が紫香楽宮の離宮を造営した意図も判明したことになる。

図41　竜門石窟の盧舎那仏

大仏造立の謎

この聖武による盧舎那仏の造立には、一つに、なぜ恭仁京ではなく、近江の甲賀郡の地でおこなうのか。二つに、岩山に彫るのではなく、金銅仏を鋳造するのはなぜか。三つに、この造立を国家の造寺司のみでなく、行基とその集団を参画させる理由は何か、という解くべき大きな課題が提示されている。

まず、造立場所が恭仁京や平城京ではないことと、岩山に彫らずに鋳造することにしたのは、恭仁京・平城京いずれも、その周辺では、中国の雲岡石窟、竜門石窟のような、高さ一〇メートルを超える盧舎那仏を彫ることが可能な岩山がなかったことがあげられよう。そこで、銅による鋳造を計画したものと推測される。この計画を実行するためには、大仏を鋳造する銅を溶かす膨大な量の木炭と、大仏を覆う仏殿を構築する大量の建築材が不可欠である。

天平一二年末に、にわかにはじまった恭仁宮・京の大造営で、恭仁京の周辺や木津川流域から大量の建築材が伐採され、新たに大量の建築材を求めるのも困難な状況であったものと思われる。このような状況から、聖武は盧舎那仏の新たな造立を円滑に進めるため、燃料の木炭と建築資材の調達が可能な近江の甲賀郡に注目したものと推測される。

しかし、それ以上に理解しにくいのは、盧舎那仏の造立という国家的な事業を、造寺司のみでなく民間僧の行基と知識集団が参画し、勧進をしながら進めさせたことである。この三つ目の課題が最も難しいように思われる。

行基とその知識集団への弾圧

行基とその集団の活動の実態は、『続日本紀』天平勝宝元年（七四九）二月二日条に、行基が没したときの薨伝に少し記されているだけで、その大半は一二世紀に編まれた『行基年譜《ぎょうきねんぷ》』をよりどころとするほかない。これによると、行基の氏名は渡来系氏族の高志《こし》氏で、天智七年（六六八）に和泉で生まれている。出家後は、遣唐使として唐で仏教を学び、晩年に架橋など社会事業をおこなった道昭《どうしょう》の影響を強く受けたとされている。

行基は八世紀の初頭から民衆への布教と社会事業をおこなっているが、『続日本紀』養老元年（七一七）四月二三日条は、僧尼は寺の中で仏の教えを学び、それを世に伝えるべきなのに、「小僧《しょうそう》の行基」と弟子たちは路《みち》に群がり、みだりに罪業《ざいごう》や福徳を説いて民衆を惑わしているとして、行基らの布教を弾圧している。しかし、一〇数年後には、『続日本紀』天平三年（七三一）八月七日条は、行基のもとにいる課税の対象外の優婆塞《うばそく》や優婆夷《うばい》らに対し、男子は六一歳、女性は五五歳以上の者には得度《とくど》を許可している。

社会事業の推進と活動地域

さて、行基は三八歳となった慶雲二年（七〇五）、初めて和泉国大鳥郡大村里に大修恵院を建てた。その後、大和を中心に布教活動したところ、養老元年、国家による弾圧を受けたが、同五年には平城京の右京に菅原寺を建てている。

その直後から活動の地を、和泉・河内、さらに摂津に移して布教と社会事業をすすめている。そして、和泉で槙尾《まきお》池《いけ》院、大野寺、摂津で高瀬橋院などの道場（寺院）を建てるなど布教活動を続けている。また社会事業には、調《ちょう》・庸《よう》の運搬者、役民らの宿泊所の布施屋《ふせや》を河内の楠葉《くずは》に建て、また河内に狭山《さやま》池、摂津に昆陽《こや》池などを設けるなど、社会事業として耕地の開田に係る事業もすすめている。さらに、旅人の便を考えて大和川に高瀬大橋、淀川に山崎橋の架橋もおこなっている。

このように、行基は初期には生地の和泉を中心とし、その後は平城京があった大和で活動し、さらに河内・摂津・山背など活動する地域を拡大している。

行基による泉橋寺の建立

このような行基らの活動で、『行基年譜』に記された注目すべき記事に、天平一二年に泉川（木津川）河畔に泉橋寺《せんきょうじ》を建てていることがあげられる。この年は、聖武が平城京から東国へ出立し、一二月一五日に恭仁《くに》郷に留まり、その翌日から恭仁宮・京の造営を開始しており、これと何らかの関連をもつものと推測される。

この恭仁宮・京は、都の中央部を泉川が東西に貫流しており、同じように洛水が流れる唐の洛陽城をモデルとしたものであった。この洛陽城の南一〇キロに竜門石窟があり、則天武后が寄進した奉先寺《ほうせんじ》の盧舎那仏がある。聖武は、洛陽城とともに、竜門石窟の盧舎那仏をも模して恭仁京を造営した可能性が高い。また、恭仁宮の造営では、造宮省の官人であった秦下嶋麻呂《はたしものしままろ》が宮の大垣の構築を寄進しており、国家的な財源の支出を極力抑えている。この点を重視すると、聖武は、盧舎那仏の造立でも、布教活動に富む民間人の行基とその知識集団に協力を求めたのではないかと思われる。

さて、『行基年譜』天平一三年三月一七日条は、聖武が木津川の河畔にあった泉橋寺を訪れ、行基と会談したと記している。その際に、行基はこれまで建立した寺院・道場の経緯を述べたという。その直後、聖武は行基らが建てたそれらの寺院・道場を関係官司が接収することがないようにすると述べたと記している。この聖武と行基との会見記事は、『続日本紀』には記されていない。また天平一五年一〇月一五日の盧舎那仏の詔がだされる以前に、聖武が行基らと接触したことも記されていないことである。

この『行基年譜』は、後に行基側が作成した記録である。このような行基側の史料の性格からすると、この記載では、行基らがそれまで私的に建てた諸寺院・道場に対し、聖武がそれら接収しないと述べたと記していることを最も重視すべきであろう。このような前提が事前にあり、行基と行基集団が紫香楽宮の周辺でおこなわれた盧舎那仏の造立に積極的に参画したものと思われるのである。

3　東大寺の盧舎那仏・大仏殿と仏師・大工たち
――国中連公麻呂と益田連縄手――

東大寺の盧舎那仏造立

東大寺の地で盧舎那仏《るしやなぶつ》（大仏）の開眼会《かいげんえ》がおこなわれたのは、天平勝宝四年（七五二）四月九日である。この盧舎那仏の造立は、最初は天平一五年（七四三）一〇月一五日に、聖武《しようむ》天皇によって近江国甲賀郡の紫香楽宮《しがらきのみや》の付近でおこなう詔《みことのり》が出されて、この造立には民間僧の行基《ぎようき》とその集団が参画している。

ところが天平一七年四月二七日に、美濃を震源地とする大地震が起こり、聖武は、正月に遷都した信楽にあった甲賀宮《こうか》から平城宮へ還幸し、造立を中止した。そして、聖武は還幸後の八月二三日、平城京外の若草山の西麓にあたる現在の東大寺の地で、盧舎那仏の造立を再開したことは前述した通りである。

仏師・国中連公麻呂の指揮による盧舎那仏鋳造

新たな盧舎那仏の鋳造は、『東大寺要録《とうだいじようろく》』に所収の「大仏殿碑文」によると、仏師の国《くに》中連公麻呂《なかのむらじきみまろ》の指揮のもとで進められている。この公麻呂は、『続日本紀《しょくにほんぎ》』天平一七年四月二五日条に、正七位下の国君麻呂《くにのきみまろ》が外従五位下に叙されていることからすると、紫香楽宮の付近で盧舎那仏の造立を進められた際にも、大仏の塑像の原型を造る中心的な役割を担っていたものと推測される。

盧舎那仏を鋳造するためには、木組みによる体骨柱《たいこつちゅう》を建て、木や竹で大略の形を整え、それに粘土を貼り付けた盧舎那仏の原型を造る必要がある。天平一八年一〇月六日、この原型の塑像ができあがり、乾燥させた後の天平一九年九月二九日から、原型の塑像に最下段から粘土をあてて外型をとり、型どりした部分の原型を一定の厚みで削り、その間にできた隙間に銅を流し込む作業を開始している。そして、原型に溶銅を流し終わった部分は土中に埋めながら、下部から頭部まで八回に区分して進めたと「大仏殿碑文」は記している。

盧舎那仏への鍍金

さて、天平感宝元年（七四九）四月一日、聖武は光明《こうみょう》皇后と皇太子の阿倍内親王《あべのないしんのう》とともに、ほぼ鋳造できた盧舎那仏を視察に東大寺を訪れている。また一四日にも東大寺を訪

図 42　東大寺の盧舎那仏

れ、それまでの鋳造作業の指揮にあたった国中連公麻呂に従五位下を授与した。鋳造が終わったのは一〇月二二日のことだった（図42）。

そして、盧舎那仏の表面に、水銀で金を溶かし、焼き付けて鍍金《ときん》を施す段階になった。おりしも同年二月には、陸奥国から盧舎那仏に鍍金する金が貢進されたので、この年を天平感宝と改元している。この鍍金作業は、盧舎那仏の表面を研磨した後、天平勝宝四年（七五二）三月一四日に開始している。

その後、頭部の鍍金ができ、四月九日、孝謙《こうけん》天皇のもとに盧舎那仏の開眼会がおこなわれている。これには関与した役人たちと一万人の僧が参列し、それまでにない盛大な式典が挙行されている。「大仏殿碑文」には、大仏師従四位下国中連公麻呂、大鋳師従五位下高市真国、従五位下柿本男生の名を記載し、国中公麻呂が盧舎那仏の原型を造り、高市真国、柿本男生が鋳造をすすめたことを述べている。

その後も鍍金は継続され、頭部に九九六個の螺髪《らほつ》をつける作業に三年を要している。天平勝宝八年七月、台座の鋳造が終わり表面を研磨し、翌年三月から河内画師次万呂、上《かみの》村主《すぐり》牛養《うしかい》の指揮のもとに、蓮華蔵世界が鏨《たがね》で刻まれている。

その後の公麻呂

国中公麻呂は、天平宝字五年（七六一）六月、光明皇后の一周忌にともなう法華寺の阿弥陀浄土院の造営にも関与したことから、正五位下となり、同年一〇月、技術系の官人ながら実績が高く評価され、造東大寺司の次官に昇進している。

さらに神護景雲元年（七六七）二月、称徳《しょうとく》天皇が東大寺に行幸し、盧舎那仏と大仏殿の造営にかかわった人たちに対する叙位があり、公麻呂は従四位下を叙されている。

しかし、同年七月には、造東大寺司次官を退いたようで、神護景雲二年一一月、但馬《たじま》員《いん》外介《がいのすけ》に任命され、宝亀五年（七七四）一〇月、役職のない散位《さんに》となり、従四位下で没している。

図43　東大寺大仏殿

大仏殿の造営

一方、東大寺の大仏殿の構築は、盧舎那仏の鋳造が大略できた後に開始された。大仏の原型の塑像をもとに、銅を流し込む作業がほぼ終わったのは前述したように、天平勝宝元年一〇月二二日で、その後に建物の構築を開始している。

天平勝宝二年八月一九日付の『正倉院文書』に、大仏殿の礎石を造る作業をおこなった二二〇〇人分の食料が記されている。その頃の文書によって、大仏殿の太い大柱八〇本を作材させたこともわかるので、その後に柱や梁などを組み、棟が挙げられたものと推測される（図43）。

『続日本紀』天平勝宝三年正月一四日条には、孝謙天皇が東大寺を訪れ、木工寮《もくりょう》の長上工の正六位下の神磯部《かみいそべ》国麻呂に外従五位下を授けているので、上棟《じょうとう》式の後の大仏殿を視察したものと思われる。

『正倉院文書』天平勝宝八歳（七四六）二月二七日付の「造大殿所解」には、造東大寺司の大工として正六位上益田縄手《ますだのなわて》が造大所で勤務した日数が記されており、大仏殿を構築する作業がさらに継続し、進展していることがわかる。ただし、これには盧舎那仏の台座の蓮弁を鋳造する作業も併行して進められていた。

越前出身の大工・増田縄手

さて、大工の益田縄手は、越前の足羽《あすわ》郡《ぐん》の人である。足羽郡には、天平勝宝元年五月、造東大寺司の史《し》生《しょう》で大初位上の官位を有し、同寺の野《や》占使《せんし》となり、東大寺と強いつながりをもつ生江臣東人《いくえのおみあずまひと》がいた。東人は天平勝宝七歳五月に、足羽郡の桑原荘《くわばらのしょう》の経営にあたっており、その頃には足羽郡の大領に任じられていた。益田縄手は、この生江臣東人とのつながりから、東大寺の大仏殿を構築する造東大寺司の木工工人として起用されたものと推測されている。

縄手が造東大寺司の木工工人として採用された時期は、史料からは天平勝宝八歳二月より以前ということしか知りえない。この足羽郡には、造東大寺司の史生であった安《あ》都雄《とのお》足《たり》も、天平勝宝六年から天平宝字二年正月まで、越前国の史生として派遣されていて、足羽郡の桑原荘の経営にも関与していたので、雄足とも接点をもった可能性もあるかもしれない。

縄手は、天平勝宝九歳五月、聖武太上天皇の一周忌が終わった後の二〇日、大仏殿の構築にかかわった功労者の一人として、正六位上から外従五位下に叙されている。『東大寺要録』所収の「大仏殿碑文」には、盧舎那仏と大仏殿の造営工程が詳細に記されており、大工として従五位下の猪名部百世《いなべのももよ》と従五位下の益田縄手の二人の名が記されている。

その後の縄手

天平宝字二年九月、縄手は奉写大般若経のため造東大寺司の造大殿所から献上された知識銭として、猪名部百世ら他の工人ら七人とともに、三〇〇文を進めている。また、同六年四月には、写経所の経師として秦男公を推薦し、任用されたことが『正倉院文書』に記される。

また、その前年の天平宝字五年一〇月中旬、淳仁《じゅんにん》天皇が平城宮・京から近江の保良宮《ほらのみや》・京へ遷都したのにともない、その近くにあった石山寺《いしやまでら》の大増改築が造東大寺司によって開始されている。この石山寺の造営に関連し、天平宝字六年五月、造石山寺院別当の安都雄足は、造東大寺司の木工の大工だった縄手に、早急に石山寺を訪れて構築中の仏堂に対し、助言を求める牒《ちょう》を送っている。おそらく縄手は雄足の依頼にこたえて、石山寺を訪れ、構築していた仏堂に対し、助言や指導をおこなったと思われるが、関連する文書は残っていない。

このように、東大寺の盧舎那仏の鋳造は、仏工から造東大寺司の次官となった国中連公麻呂が中心となってすすめ、大仏殿の構築は、大工の益田連縄手が重要な役割を担ったのである。

4　大仏造立と長登銅山

巨大な盧舎那仏の完成

聖武《しょうむ》天皇は、天平一七年（七四五）五月、近江の甲賀宮《こうかのみや》から平城宮・京へ還都した。これによって、甲賀宮付近ですすめていた盧舎那仏《るしゃなぶつ》（大仏）の造立は中止になった。しかし、『東大寺要録《とうだいじようろく》』によると、聖武は、同年八月二三日、ふたたび盧舎那仏の造立に着手している。新たに盧舎那仏の造立に開始したのは、平城京外京の京極大路を東に越えた地、いわば平城京外の添上《そえかみ》郡山金里の現在の東大寺の地であった。

聖武が造立を計画した盧舎那仏は、『続日本紀《しょくにほんぎ》』天平一五年一〇月一五日条に記された詔《みことのり》によると、中国の洛陽の竜門石窟《りゅうもんせっくつ》にみるような岩山に盧舎那仏の大仏を彫るものではなく、銅を溶かし流し込んで鋳造する金銅仏であった。聖武は、「国中の銅を費やしてでも盧舎那仏を鋳造し、大きな山を削って堂を建設し、広く仏法をひろめ、仏道に貢献する」と述べており、この盧舎那仏の造立に対する聖武の意気込みがよく表現されている。

『東大寺要録』に収録する「大仏殿碑文」によると、東大寺で完成し、結跏趺坐《けっかふざ》した盧舎那仏は、高さ五丈三尺五寸（一六メートル）、面長一丈六尺（四・八メートル）、また用いた熟銅七三万九五六〇斤（四四三・七トン）錬金一万四四六両（六・二七トン）、水銀五万八六二〇両（三四・八トン）を費やしたと記しており、じつに巨大なものであった。

盧舎那仏に使われた銅

この盧舎那仏の鋳造に必要とした銅の産地については、『正倉院文書《しょうそういんもんじょ》』に収録されている「丹裏文書」の中に、造東大寺司が長門《ながと》国司にあてた牒の文書（『大日本古文書』二五巻―一五五～一五七）があり、早くから長門国長登銅山《ながのぼりどうざん》で産出した銅を輸送し、鋳造したものと推測されていた。

この長登銅山は、一九六二年（昭和三七）まで銅鉱石の採掘をしていた銅山であったが、ここで古代にも銅の採掘をおこなっていたかどうかなど、具体的なことはまったく明らかではなかった。しかし、一九七二年、長登銅山跡の調査で、奈良時代後半の須恵器《すえき》が銅の精錬カスである「からみ」とともに見つかっており、古代まで遡って銅を採掘した生産遺跡であることがほぼ明らかになった。

図 44　東大寺大仏殿院西回廊の西南隣接地の発掘地
（奈良県立橿原考古学研究所提供）

大仏鋳造の痕跡の発見

その後の一九八八年、総合防災工事にともなって東大寺境内の大仏殿西回廊の外側の西南端付近で発掘調査が実施されている（図44）。この大仏殿付近の地形は、若草山から西へ派生する尾根上にあり、この尾根頂部を大規模に削平し、盧舎那仏の大仏を造立する平坦地を造り、その南側の谷筋を埋めていたものと推測されていた（森ほか一九六七）。

発掘の結果、ここに大仏鋳造時の銅を溶かした溶解炉の破片をふくむ層が二メートル以上の厚さで堆積し、谷地形が埋められていることが判明した。また、出土した大仏鋳造にともなう銅の溶解炉片の中に、溶解途中の銅や炭、石灰岩などが溶けきらずに付着するものも少なくなかった。また谷の底付近から二二六点の木簡も出土している。これらの木簡は、年紀を記したものは出土していないが、上限は天平一一年（七三九）、下限は天平勝宝二年（七五〇）あたりに推測されている。

そして、出土した木簡には、表に「薬院依仕奉人（省略）」、裏に「悲田　悲田院（省略）」と記した皇后宮職《こうごうぐうしき》に属する薬院、悲田院《ひでんいん》に関連するもの、また表に「自宮請上吹銅一万一千二百廿二斤（省略）」と記し、一万一二二二斤の上吹銅が皇后宮職からもたらされたことを示すものがある。さらに、「左六竈」「右二竈卌一斤」などと配置された溶解炉の竈の位置をうかがわせるもの、表に「生壬風呂十九斤」、裏に「十一月廿六日」と記すものが出土している。

これらの木簡の示す性格は後述するとして、出土した溶解炉片に付着する銅の成分を分析した結果、錫《すず》の含有率が創建時の盧舎那仏とほぼ同一であることが明らかになった。また長登銅山跡で採集された炉片の銅とも同一のものであることが公表され、注目されることになった（久野一九九〇）。

長登銅山跡の発掘調査

東大寺大仏殿付近での発掘調査で出土した銅の分析結果を受け、一九八九年（平成元）から山口県美祢《みね》市の長登銅山跡の発掘調査が継続的におこなわれることになった。

この長登銅山跡には、大切《おおぎり》精錬遺跡、山神精錬遺跡、瀧ノ下・大切山採鉱跡、榧ケ葉山《かやがはやま》採鉱跡などがある。そして探索の結果、榧ケ葉山採鉱跡は径一〇メートル、深さ七メートルの露天掘り

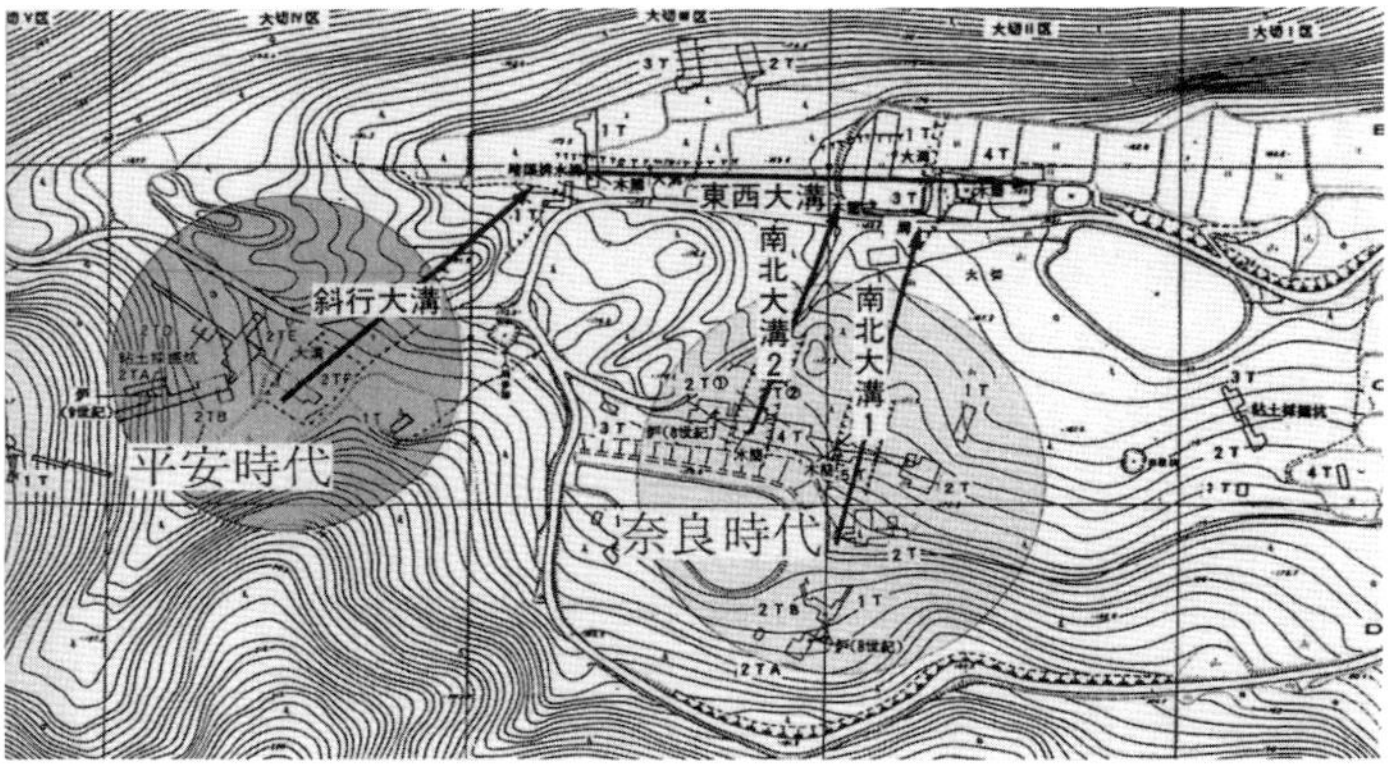

図45　山口県美祢市長登銅山跡の発掘
（池田善文『長登銅山跡』同成社、2015年）

で、その底から鉱脈に沿ってトンネルを掘って鉱石を採鉱していることが明らかになった。また、その東にあたる大切地区の発掘では、選鉱作業場、また精錬前に鉱石を焼鉱して酸化させる焼窯跡、さらに炉による製錬作業場などが検出されている（図45）。

その結果、銅鉱石の採鉱、選鉱、焙焼《ばいしょう》、精錬という銅を鉱石から精錬して銅のインゴット（厚い板形の銅塊）を生産する一連の工程を、この長登銅山跡でおこなっていたことが明らかになっている（池田二〇一五）（図46）。

明らかになった銅の国家的管理

さらに、大切地区の発掘で検出された南北大溝1・2などから八〇〇余点に及ぶ木簡も出土している。そして、出土した木簡によって、この長登銅山跡は、銅鉱石から銅を生産する国家的な官営工房であり、その運営や管理を長門国衙が担っていたことも具体的に明らかになっている。

そして、ここから出土した木簡には、付札に「枚一」などと記され、採掘した銅鉱石から銅板の銅のインゴット（銅塊）の生産に関連するもの、この銅鉱山で銅生産を運営し管理する官司にかかわるものとが出土している。

図 46　製銅工房（早川和子画）
（早川和子『よみがえる日本の古代』小学館、2007 年）

前者の銅鉱石から溶解、精錬した銅を一定の大きさの銅板のインゴットの生産に関連するものに、「製銅付札木簡」「配分宛先の木簡」「木炭木簡」などが出土している。これらのうち「製銅付札木簡」には、

下神マ小嶋　廿二斤枚二下
　　　　　　□七月十日

と記される。銅板のインゴットに付けた付札で、銅塊を造った工人名

（銅工集団）、製銅塊の出来高（斤和・枚数）、製作月、提出月日、さらに生産された製銅塊の宛先などを記載したものがある。

また、「配分宛先の木簡」は、製銅塊の配布先を記したもので、「豊前門司」「吉俣郷銭司」の他に、「太政大殿」「家原殿」「□笠殿」などと供給先を記すものなどが出土している。また「木炭木簡」は、銅鉱石を溶解し、精錬する際に用いた木炭を生産した炭焼工人名を記したものであった。

そして、これらの銅生産部門を管理する官司に関連するものに、地方官衙《かんが》の文書行政に関連する文書木簡、紙の文書の封緘に用いた封緘《ふうかん》木簡、長登銅山跡宛に送付されてきた調《ちょう》の塩・庸米《ようまい》・舂米《しょうまい》などの物品に付けた貢進物の荷札木簡などがある。これらの木簡は、天平二年（七二〇）から天平五年の八世紀前半に集中している。

このような出土した木簡からみると、長登銅山跡は、国家的な管理のもとで銅生産を担っているが、ここの官衙・官司名を記した木簡は見つかっていない。この官司名は、その後の九世紀の『日本三代実録』には、「長門国採銅所」「採長門国銅使」と呼ばれていたことがわかる。

このように、長登銅山跡の発掘によって、奈良時代にここで銅鉱石を採掘し、採鉱した銅鉱石を選鉱し、また製錬し、さらに純度の高い銅に精錬して銅板状のインゴットを造っていたことが明らかになったことは、じつに大きな研究成果であり、古代の銅生産に対する著しい研究の進展である。

銅の輸送・流通

この長登銅山で精錬された銅は、長門国司の管理のもとに海路を経由して大和の東大寺まで運ばれている。前述したように、『正倉院文書』の「丹裏文書」には、造東大寺司が長門国司にあてた牒の文書があり、それをみると、

　造東大寺司牒　長門国司
　　銭拾柒貫肆伯捌文
　　　（省略）
　銅貳萬陸仟肆伯柒拾斤
　　一万百十五斤八両　欠六百五十一斤八両　枚二百六十二　破一
　　七千六百卅八斤熟銅　枚八十八□
　　二千六百廿六斤未能熟銅　枚七十四破一
　　　已上中、従国解斤数所、欠六百五十一斤八両
　右、有未熟銅数、自今以後、能熟上品銅可進、

一万六千二百十斤生銅　枚一千四百十破卅三
上品三百廿三斤　　中品二千二百五十八斤
下品一万二千六百廿九已上斤数如員
右熟銅、従国解文所欠、問其由、君長等申云、常権官不懸他権懸、縁此未明
（『大日本古文書』二五巻―一五五～一五七）

と記され、長門国司から送られた銅は、造東大寺司によって、熟銅・未熟銅・生銅などの品質ごとに長門国司からの解文とつきあわされ、不足分を指摘している。そして、今後は上質の熟銅を送るようにと指示しており、大量の銅が長門国司から大仏の造立をすすめる造東大寺司あてに送られていることがわかる。これらの長門国司から送られた銅は、長門国司の運営のもと長登銅山跡で国家的に採鉱し、精錬されたものであった。

　ところで、東大寺大仏殿西回廊の西南端での発掘で出土した前述した木簡によって、一万一二二二斤（六・七三三二トン）の上吹銅が皇后宮職からもたらされたことが知られ、盧舎那仏の造立には皇后宮職の支援があったことがわかる。また、一方では、この銅を、皇后宮職は、どのようにして入手したのかが問題になるだろう。これは、長登銅山跡から出土した銅の供給先として、「太政大臣」「家原殿」「豊前門司」などと記された木簡からすると、皇后宮職は公的な機関とみられ、容易に入手できたものと推測される。

さらに、天平宝字三・四年（七五九・七六〇）の法華寺金堂の造営では、造東大寺司の出先機関の造金堂所は、生銅を河内の知識寺から購入しているように、八世紀の後半には、銅は多方面で流通していたものと推測される（『大日本古文書』一六巻―二八六）。

溶解炉の遺構

さらに、出土した木簡には、「左六竈」「右二竈」などと記されたものがある。これと類した記載に、須恵器の坏蓋に「二竈領」と墨書したものが滋賀県甲賀市信楽町の鍛治屋敷遺跡で出土している。

鍛冶屋敷遺跡は、史跡紫香楽《しがらきのみや》宮がある南北に長い内裏野《だいりの》の台地の東北端部に位置し、すぐ北を隼人川が西へ流れる。ここでは二〇〇二年に、大規模な鍛冶関連の溶解炉九基、鋳込み遺構一一基、掘立柱建物五棟が検出されている。そして、「二竈領」は、「ふたつのかまどのうながし」と読み、整然と南北に一定の間隔で列をなして設けられた溶解炉の領《うながし》であったと理解されている（滋賀県教育委員会二〇〇六）。

この鍛冶屋敷遺跡の溶解炉は、天平一五年一〇月一五日に出された盧舎那仏の造立の詔によって紫香楽宮の周辺ですすめられた造立のために、他所で精錬され（長登銅山跡であろう）、運ばれた銅のインゴットを、同一の純度の銅に精錬する溶解炉の遺構と推測されるものである。現状では、紫香楽宮の周辺で盧遮那仏を造立した場所は未だに見つかっていない。しかし、内裏野台地の東北端部の鍛治屋敷遺跡で銅の精錬をおこなっていることからみて、盧遮那仏の造立も、内裏野台地上であったものと推測される。

このような、鍛治屋敷遺跡の溶解炉の遺構からすると、東大寺の大仏殿西回廊外の西南隅付近の発掘で出土した「左六竈」「右二竈」などと記された木簡は、東大寺の盧舎那仏に銅を溶かして流す以前に、それとは離れた地で、長登銅山跡から送られた銅のインゴットの純度を均一化する精錬のために設けた溶鉱炉の付近に投棄された木簡であったと考えられるのである。

5　大仏に塗る金の産出と百済王敬福

大仏造立と金

天平一五年（七四三）一〇月一五日、聖武《しょうむ》天皇は盧《る》舎那《しゃな》仏《ぶつ》造立の詔《みことのり》をだし、近江の紫《し》香楽宮《がらきのみや》の付近でその作業を開始した。しかし、この造立は、天平一七年四月二七日には地震がおこり、それが要因となって聖武が平城京へ還幸し、中止となっている。『東大寺《とうだいじ》要録《ようろく》』によると、平城京へ還った後の同年八月二三日、聖武は平城京外京の東、若草山の西麓の地の東大寺で、大仏造立を再開し、天平一九年九月二九日には、塑像の大仏の原型の外側に銅を流し込む作業が開始されている。これが終わると、表面に鍍《と》金《きん》（金メッキを塗る）を施し、金銅仏に仕上げる工程になる。これには大量の金が必要であった。

天平二一年二月二二日、折よく陸奥国で金がとれた知らせが朝廷に入った。四月一日、聖武は東大寺に行幸し、鋳造中の盧舎那仏に、陸奥国小田郡で金が産出したことを報告している。そして、この日、陸奥守従五位下の百済王敬福《くだらのこにきしきょうふく》に、従三位を授けている。そ

図47　多賀城跡の政庁正殿跡

して、陸奥国で採取した金九〇〇両（一一・二五キロ）が平城京に届いたのは、四月二二日のことであった。

金を献上した百済王敬福

百済王敬福は、六六〇年七月、唐・新羅《しらぎ》軍によって倒された最後の百済王である義慈王《ぎじおう》の子の善光《ぜんこう》（禅広）の曽孫である。百済国が唐・新羅に滅ぼされたとき、百済王族の一員として日本に滞在し、そのまま留まった渡来系氏族である。

敬福は、天平一〇年ころに陸奥介に任じられ、その後の同一五年、陸奥守に昇任している。そして、天平一八年四月には上総守に転任したが、わずか五ヵ月後の九月一四日に陸奥守に再任されている。その後、陸奥国の国衙《こくが》である多賀城《たがじょう》（図47）の北三〇キロにある小田郡の篦岳《ののたけ》丘陵で砂金を採取し、天平二一年二月二二日、前述したように、初めて朝廷に産金を知らせ、四月二二日に金九〇〇両を献上している。この金九〇〇両は、敬福が陸奥守に再任後、ほぼ二年以内に砂金を採取し、熔錬して献上したものであった。

金産出の恩恵

東大寺で聖武が陸奥国の産金を報告した翌日の四月二日には、大赦がおこなわれ、さらに一四日、産金を記念して天平感宝と元号を変えている。また五月二七日には、陸奥国の調《ちょう》・庸《よう》は三年間免除となり、しかも小田郡の調・庸は永免とし、全国のこの年の田租《でんそ》も免除されている。

また、天平感宝元年（七四九）閏五月一一日、産金に対する功績者が表彰されている。国司の介以下の官人は位一階を進め、陸奥介佐伯全成《さえきのまたなり》と鎮守判官の大野横刀《おおののたち》は従五位上、大掾余足人《あぐりのあしひと》は従五位下を授けられた。また金を獲た上総国の丈部大麻呂《はせつかべのおおまろ》は従五位下、左京の無位の朱牟須売《しゅのむすめ》は外従五位下、私度《しど》の沙弥《さみ》（出家者）である小田郡の丸子連宮麻呂は応宝という法名を授けられ、師位《しい》（五位相当）になっている。さらに砂金を溶かした左京の無位の戸浄山《へのじょうざん》は大初位上、金が見つかった山の神主である小田郡の日下部深淵《くさかべのふかふち》に外少初位下を授けている。

以上のような叙位では、金を採取した丈部大麻呂、朱牟須売、沙弥の丸子連宮麻呂らが最も高く評価されている。丈部大麻呂は、上総国で砂鉄に関連する経験者で、川から禰古流《ねこなが》

図48　涌谷町の黄金山神社

しの方法で砂金を獲た人である。また朱牟須売は、丈部大麻呂の妻とされている。さらに沙弥の丸子連宮麻呂は、仏教信者の智識として、大仏造立の趣旨を広く民衆に説き、「小田郡の行基」として、沢から砂金の採取に多くの民衆を集めたものと推測されている。

金を産出した場所

ところで、陸奥国小田郡で金を産出した所在地は、江戸時代から探索されており、国学者の沖安海が遠田郡湧谷町の黄金迫《こがねはざま》にある黄金山《こがねやま》神社（図48）の境内に散布する古瓦と礎石に注目し、文化七年（一八一〇）に黄金山神社の地が天平産金の地とする説を提示している。そして、一八九八年（明治三一）、大槻文彦氏がこの説を発展させ、一九五七年（昭和三二）、この地が東北大学によって発掘され、奈良時代の六角堂跡と古代瓦を検出している。また神社の西を流れる黄金沢《こがねざわ》（図49）から純度の高い良質の砂金を採取しており、小田郡で見つかった産金の地が黄金山神社の境内地とその周辺であることを明らかにしている。

一九五九年、黄金山神社境内地とその周辺一帯が「天平産金遺跡」として国史跡になっている。

図49　黄　金　沢

大仏に塗る金の確保

さて、天平勝宝四年（七五二）二月一八日、陸奥国の調・庸は、天平勝宝元年閏五月に免除する期間が過ぎ、復活している。しかも、多賀郡以北の諸郡の正丁は、いずれも金を貢納することになったのである。その量は正丁四人で一両（一二・五グラム）であった。一方の多賀郡以南の民は、もとのように布をだすというものだった。

これで金も銅や鉄の鉱物と同じく、調納物になったのである。発令された三月一四日は、盧舎那仏に鍍金《ときん》（金を塗る）作業を開始する一月前で、この措置で金を確保したものと推測される。

使われた金の量と採取の方法

この大仏の鍍金作業は、天平勝宝四年（七五二）三月一四日に開始し、天平宝字六年（七六二）ころに終わっている。この鍍金に費やした金の総量は、『東大寺要録』収録の「大仏殿碑文」に、一万四四六両（六・二七トン）と記されている。天平二一年に百済王敬福が金九〇〇両（一一・二五キロ）を献上したので、残る一〇年間の必要量は、年ごとに約一〇五〇両ということになる。この量は、敬福が献上した金九〇〇両に近いものであった。

ところで、調納では正丁四人で金一両とすると、天平二一年（七四九）に敬福が献上した金九〇〇両は、正丁三六〇〇人が貢納する量である。敬福は二年間に、この砂金をどのようにして採取したかが問題になるであろう。

これには、まず黄金沢から禰古《ねこ》流しによって砂金を採取する大勢の人員を集めることが不可欠だった。そこで鎮守判官の大野横刀の叙位が注目される。常置された鎮守府判官が叙位されたわけは、陸奥国が擁する鎮兵を砂金の採取に動員したことが想定される。さらに、天平一八年一二月一〇日、七道の鎮撫使《ちんぶし》が停止され、畿内と諸国の兵士をもとの制度によって徴発することになっている。このとき、敬福は、陸奥国では他国からの鎮兵の派遣を停止し、その代替として軍団を創設することを申請し、小田軍団が実現している。そして、『類聚《るいじゅう》三代格《さんだいきゃく》』には、同年一二月一五日、太政官が陸奥国の兵士制は、鎮兵停止と引き換えに、それまでの五軍団（白河・安積《あさか》・行方《なめかた》・名取・玉造）に加えて、小田軍団一〇〇〇人を加えることを奏上したことを記載している。

そこで、敬福は新たに設けられた軍団の兵士らを、さっそく砂金採取に導入したものと推測されている（佐々木二〇一五）。さらに、産金功労者に小田郡の私度沙弥の丸子連宮麻呂がいる。彼も前述したように、智識として大仏造立の趣旨を民間に説き、金の採取に大勢の民衆を誘ったものと推測される。

このように、百済王敬福が陸奥守に再任された直後の二年間に、金九〇〇両を採取できた背景には、鎮守判官、さらに金を見つけた人と冶金を担った人らによる、じつに多くの人員を導入する体制があり、実現したものであった。ここには、まさに敬福の手腕が発揮されたというべきであろう。

陸奥国の国司と産金体制

天平勝宝四年五月二六日、七国の国司の人事がおこなわれ、陸奥国は従三位の百済王敬福が常陸守に転任した。後任の陸奥守は佐伯全成が陸奥介から昇任している。また陸奥介も余足人が陸奥大掾から昇任した。

天平二一年から以後、天平勝宝四年二月の調による金を貢納することが発令するまでの間、小田郡での産金は、国守の敬福が編成した産金体制でなされたものと推測される。そして、天平勝宝四年以後は、国守の佐伯全成による新たな砂金の採取と調納する体制がとられたものと思われる。

この佐伯全成は、天平勝宝九歳七月、橘奈良麻呂《たちばなのならまろ》の変に連座し、尋問を受けている。その際に、「去る四月、全成、金を持って京に入る」と述べている。この天平勝宝八歳に、全成は朝廷に金を貢進している。しかし、全成は尋問を受けた後、自害している。そして、陸奥守には藤原仲麻呂の子息の藤原朝獦《あさかり》が任命されている。この朝獦は国守に着任後、多賀城を改修し、多賀城碑の石碑を建立している。

6 行基の社会活動と長岡院

行基の社会事業と弾圧

行基《ぎようき》は、奈良時代に近畿を中心に、池・溝・堤・堀川などを造り、また河川に架橋するなど、広く社会事業をおこなった民間僧である。しかし、行基らは、『続日本紀《しよくにほんぎ》』養老元年（七一七）四月二〇日条には、「小僧《しようそう》行基」と名指しされ、都の広場でみだりに罪福を説き、しかも民衆をみずからの仕事を放棄して行基のもとに集めているなどとして、厳しく糾弾されている。

ところで、前述したように天平一二年（七四〇）一二月一五日、聖武《しようむ》天皇は突然に平城宮・京から恭仁宮《くにのみや》・京へ遷都した。しかも、その後の同一四年八月には、近江の甲賀郡に紫香楽宮《しがらきのみや》の離宮を設け、さらに同一五年一〇月一五日、紫香楽宮の付近で盧舎那仏《るしやなぶつ》（大仏）を造立する詔《みことのり》をだしている。その直後に、突然に行基はその集団とともに、この盧舎那仏の造立に参画している。

それまで政府によって糾弾されていた行基とその集団が、この盧舎那仏の造立に、なぜ参画したのだろうか、また一方では、この盧舎那仏の造仏事業に、聖武は、なぜ行基集団を参画させたのかが問題になるであろう。

泉橋院での聖武と行基

その要因として、行基の活動を年代順に記した『行基年譜《ぎょうきねんぷ》』に求めると、恭仁宮・京へ遷都した翌年の天平一三年三月一七日、聖武が恭仁京に建てていた行基らの泉橋院を訪れたと記している点が注目される。聖武は、行基らのそれまでの活動を聞くとともに、行基らがそれまで建てていた寺院・道場を接収しない旨を述べたと記している。

聖武が泉橋院を訪れたという記事の内容は、『行基年譜』に記す通りでないとしても、聖武、もしくは橘諸兄《たちばなのもろえ》（左大臣）と行基らが事前に何らかの機会に、会談することがあったものと推測される。この記事は、行基が七四歳のときのこととして述べているので、行基と行基集団は、行基が没した後に、政府による妨害もしくは弾圧を受けるという危惧をつのらせていた可能性が高かったものと考えられる。その危惧が、聖武によって解消することになったものと思われる。そのうえで、聖武による盧舎那仏の造立への参画への要請があり、それに行基らが協力することになったものと推測されるのである。

盧舎那仏の造立と行基・行基集団の参画

さて、聖武が企画した盧舎那仏の造立は、平城京もしくは恭仁京ではなく、なぜ近江甲賀郡の紫香楽宮の付近でおこなわれたのか。これも容易に解きにくい問題である。これは、盧舎那仏に流す銅を溶かすのに必要な大量の木炭と大仏殿を構築する膨大な建築材をその周辺から容易に調達でき、さらに盧舎那仏の造立事業を、民間僧の行基とその集団を参画させたことからすると、平城京もしくは恭仁京では、中央の仏教界の関係者による多様な妨害を予測し、それを避けたことも考慮すべきかもしれない。

この紫香楽宮（甲賀宮《こうかのみや》）付近での盧舎那仏の造立は、天平一六年一一月一三日、盧舎那仏の体骨柱（塑像）が完成し、翌一七年正月二一日、行基は仏教界で最高の位の「僧正」より高い「大僧正」に叙されている。

しかし、前述したように、同年の四月二七日、美濃を震源地とする強烈な地震がおこり、その余震が一週間ほど続くさなか、聖武は正月に遷都した甲賀宮から恭仁宮を経て、五月一一日に平城宮へ還幸している。これによって盧舎那仏の造立は中止となったのである。

激しい地震がおこったとはいえ、聖武が甲賀宮から平城宮・京へ還幸した要因もなお不明である。しかも、八月二三日、聖武は、再び平城京の外京の東にあたる若草山の西麓の

図50　行基墓誌断片
断片であるが行基の没した「二月二日」の日付がみえる。(奈良国立博物館所蔵、ColBase〈https://colbase.nich.go.jp/〉)

東大寺の地で、盧舎那仏の造立を再開している。だとすると、銅を流し込んでいた塑像の盧舎那仏の頭部が落下するなど、盧舎那仏の造立を継続するのを困難とするような大きな被害があったのではないかと推測されるのである。

再び東大寺の地でおこなった盧舎那仏の造立にも、大僧正となった行基と行基集団は継続して参画している。天平勝宝四年(七五二)四月九日に大仏の開眼会《かいげんえ》がおこなわれた。しかし、行基は、この開眼会以前の天平二一年二月二日、平城京右京の菅原寺《すがわらでら》(喜光寺《きこうじ》)の東南院で没している。八二歳だった(図50)。

長岡院の発見

行基が建てた菅原寺(喜光寺)の西五〇〇メートル、奈良市疋田《ひきた》町《ちょう》に菅原遺跡がある。二〇二〇年(令和二)秋、この菅原遺跡が所在する丘陵一帯で、大規模な宅地造成が計画され、

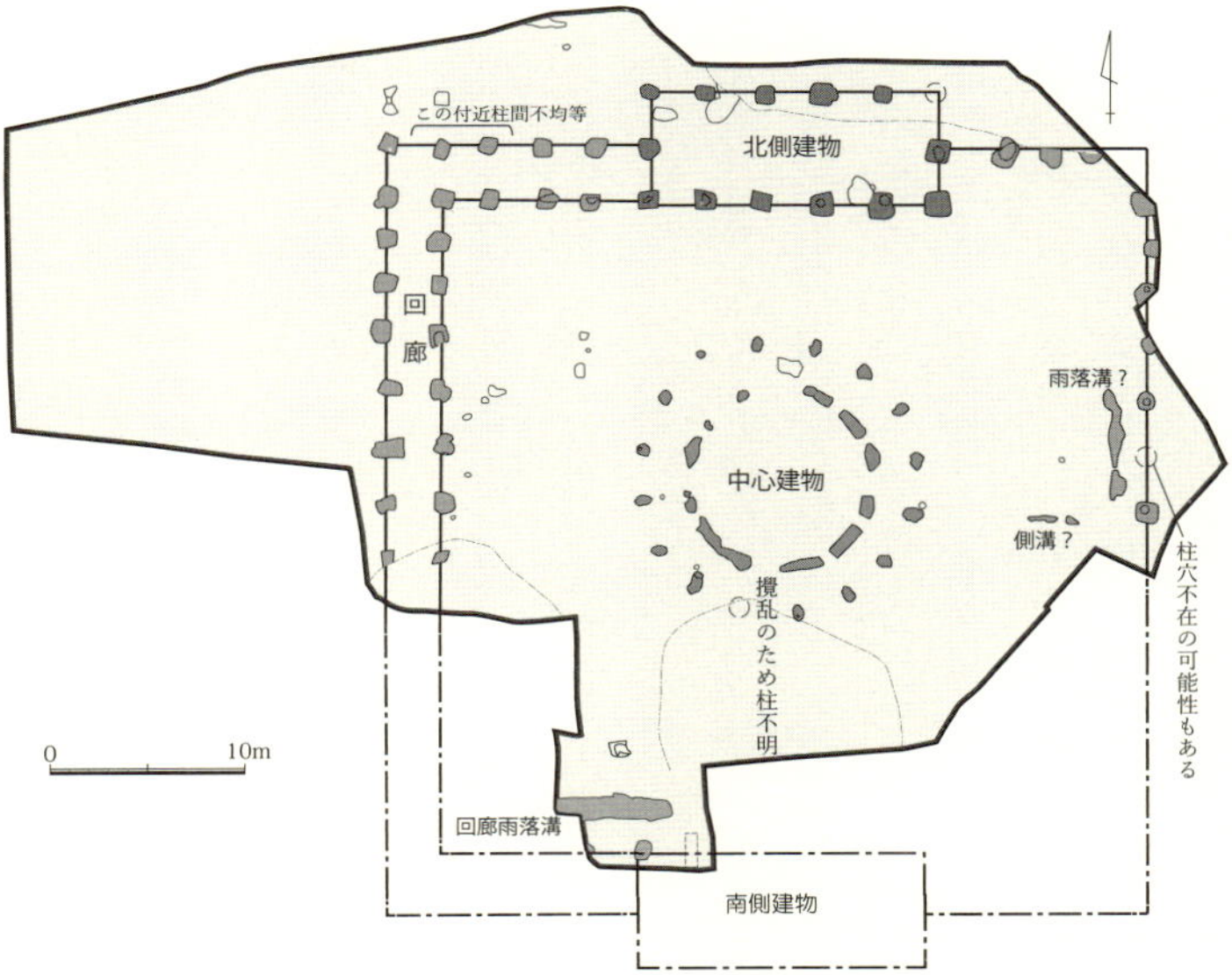

図51　菅原遺跡の八角堂院遺構
（元興寺文化財研究所『菅原遺跡』2023年を一部改変）

その事前の発掘調査がおこなわれた。その結果、丘陵の最頂部から八角円堂跡とこれを囲む西半部の掘立柱《ほったてばしら》回廊と東半部にめぐらせた板塀がとりつく東西棟の北建物などが検出されている（図51）。

　これらの回廊の中心に建てられた八角円堂は、側柱列を掘立柱式、身舎《もや》にあたる内部は基壇を設けて柱を配した構造のものであった。また回廊の南柱列にともなう雨落溝から、奈良時代の七四五～七五七年の年代が推測される軒平瓦が出土しており、回廊や八角円堂は、八世紀半ばに建てられたものと推測されている。

『行基年譜』に「長岡院　在二菅原寺西岡一」と記されており、発掘した関係者によってこの菅原遺跡はその長岡院に推測されている。また回廊の内部に建てられた八角円堂は、外側に掘立柱列による吹き放しの庇を配した多宝塔状の構造のものであったと推測されている（元興寺文化財研究所二〇二三）。

八角円堂の立地と性格

これまで知られる奈良時代の八角円堂の例には、興福寺《こうふくじ》の北円堂、法隆寺《ほうりゅうじ》の夢殿（図52）、五條市の栄山寺《えいさんじ》の八角円堂がある。これらは藤原《ふじわらのふ》不比等《ひと》、聖徳太子《しょうとくたいし》ら上宮王家、藤原武智麻呂《むちまろ》を弔った建物である。新たに菅原遺跡で検出された八角円堂は、比高二〇㍍余の丘陵頂上に構築されている。ここからは東の眼下に喜光寺（菅原寺）、その少し東方に平城宮の朱雀門、さらに東方に行基や行基集団が盧舎那仏の造立に参画した東大寺の大仏殿がじつによく眺望できる地である。

長岡院に推測されている八角円堂は、まさに行基を弔う霊屋《たまや》・廟として建てられたものと推測して疑いないものである。行基が建てた菅原寺からよく見える丘陵上に建てられており、この長岡院の八角円堂は、行基集団による行基への篤い思いが顕著に表現された記念堂でもあったと推測される。

この八角円堂は、身舎は基壇を設けながら、なぜか側柱はいずれも掘立柱式で構築した点に顕著な特徴が表れている。行基集団は、じつに眺望のきく丘陵上に構築するため、台風などの強風にも対処できる構造として、この八角円堂の側柱を、いずれも地中に埋める掘立柱式の様式を導入したものではなかろうか。ここには、そのような行基集団の卓越した建築技術を読み取ることができるように思われる。

そして、その外観は、調査関係者が復元するような多宝塔のような外観ではなく、夢殿・北円堂・栄山寺の八角円堂とまったく同一のものだったと考えられるのである。菅原遺跡の八角円堂の復元を試みた調査関係者の再考を期待したい。

図 52　法隆寺の夢殿
(『奈良六大寺大観』岩波書店、1971 年)

7　鑑真の東征と唐招提寺

遣唐使の派遣

天平五年（七三三）のことである。聖武《しょうむ》天皇は難波宮《なにわのみや》の造営がほぼできると、まだ難波京の造営を継続しながらも、日本も複都制を採用したことを伝えるため、多治比広成《たじひのひろなり》を大使とする第一〇次の遣唐使を派遣した。広成らは四月に難波津から唐へ向かって船出した。その後、中国に着くと、揚州から大運河を北上して長安へ向かった。そして、正月には長安城で玄宗《げんそう》皇帝に謁見し、聖武の国書をわたすつもりであった。

しかし、広成らが着いた開元二一年（天平五＝七三三）は、長雨によって不作な年だった。長安城では食糧が不足になるのを危惧し、玄宗皇帝は開元二二年正月の朝賀を中止し、正月四日には洛陽城へ行幸した。そこで広成らも洛陽城にでかけ、玄宗皇帝に国書をわたすことになったのである。

唐の高僧招聘の使命

この第一〇次遣唐使一行には、留学生らとともに興福寺《こうふくじ》の僧である栄叡《ようえい》と普照《ふしょう》がふくまれていた。栄叡・普照らは、そのころ日本の仏教界には正式な戒律を授与できる僧がいなかったので、唐から授戒できる高僧を招いてくるという使命をもって派遣されたのである。

洛陽城に着くと、栄叡と普照は大福光寺で道璿《どうせん》律師と出会い、日本への渡海を懇請した。これに道璿が応じてくれたので、帰国する遣唐副使の中臣名代《なかとみのなしろ》の船に道璿を乗せることになった。

一方、遣唐大使の多治比広成と派遣された学問僧の一人の理鏡も、洛陽で南インドのバラモン出身の僧である菩提僊那《ぼだいせんな》に出会い、日本への渡海を懇請したところ、これに応えて彼も渡ることになったのである。大使の広成は、天平七年三月に、それまで唐に滞在し学んでいた吉備真備《きびのまきび》、僧玄昉《げんぼう》を乗せて帰朝している。

一方の副使の中臣名代の船は、遅れて前述した唐人の道璿とバラモン僧の菩提僊那とともに、天平八年五月に筑紫《つくし》の大宰府《だざいふ》に着き、八月には摂津を経由して平城京に入っている。そして、道璿と菩提僊那は大安寺に住むことになった。

その後、菩提僊那は天平勝宝三年（七五一）四月には僧正になり、道璿も律師となった。

翌年四月九日、東大寺で盛大におこなわれた盧舎那仏の開眼会では、聖武天皇に代わって菩提僊那が大仏に眼を入れている。道璿も呪願師として参列している。

鑑真の渡海

さて、前述した唐に渡った栄叡と普照は、唐で一〇余年にわたって戒律を授与できる律師を求めながら滞留し、帰国のため揚州に赴いたところ、天宝元年（天平一四＝七四二）、揚州の大明寺で、戒律の講座を開くこと一三〇回、一切経を書写すること三万三〇〇〇巻、子弟四万人という名声の高い律僧の鑑真《がんじん》に出会い、日本へ渡海し授戒するように懇願した（図53）。

鑑真は日本へ渡ることの意義を認め、多くの弟子の反対を排し、みずから赴くことを決意して渡航を計画した。だが、鑑真の渡海は、弟子による妨害と暴風雨で漂流するなど五度も失敗した。この五度目の渡海では日南に漂流することになり、広州に戻る途中で栄叡は没し、鑑真も失明したのである。

天宝一二年（天平勝宝五＝七五三）一一月、鑑真らは、前年に訪れていた第一一次遣唐大使の藤原清河《きよかわ》の一行らとともに日本へ向かうことになった。鑑真は副使の大伴古麻呂《おおとものこまろ》の船に乗り、一二月七日、薩摩の屋久島に着き、その後の一二月二〇日、秋妻屋浦《あきめやうら》（鹿児島県坊津町）で上陸した。そして二六日には大宰府に到着し、天平勝宝六年二月一日に難波津に着いている。鑑真が渡海を試みてから一一年が経過していたのである。難波津に着

図 53　揚州の大明寺（著者撮影）

いたこの日、先に来朝していた唐僧の道璿が出迎えている。

　二月三日、河内に入ったとき、大納言の藤《ふじ》原《わら》仲麻呂《のなかまろ》が出迎えに派遣され、鑑真らの遠来の労苦を慰労している。そして、二月五日、鑑真は法進《ほっしん》・思託《したく》・如宝《にょほう》ら二四人の弟子たちとともに、羅城門から平城京へ入京し、東大寺に入っている。一方の普照も、副使の吉備真備の船に乗り、一二月に薩摩国屋久島に着き、その後、鑑真らよりも一足早く平城京に入っている。

　ところが、阿倍仲麻呂《あべのなかまろ》が乗船した大使の藤原清河の船は難航し、日南（ベトナム）に漂流した。そして清河と仲麻呂は、再び唐の長安城へ戻り、日本へ帰ることはできなかったのである。

鑑真の授戒

鑑真が東大寺に入った天平勝宝六年二月五日、左大臣・右大臣以下一〇〇余人の官人らが歓迎した。鑑真よりも先に平城京へ入っていた吉備真備は、勅使として孝謙《こうけん》天皇の歓迎と慰労の言葉を伝え、今より以後は授戒伝律のこと、鑑真和上に一任することを伝えたのである。

その後、鑑真は四月になると、大仏殿の前に戒壇を設け、聖武上皇をはじめ、多くの人たちに菩薩戒を授けている。そして天平勝宝七歳九月、大仏殿の西に戒壇院を造り、唐禅院に止住して戒律の普及に尽力している。その翌年の天平勝宝八歳には、僧綱《そうごう》の大改革がおこなわれ、鑑真は大僧都に任命されている。そして戒律を普及させるためとして、天平宝字元年（七五七）一一月、備前国の水田一〇〇町が施入されている。

ところが、天平宝字二年八月一日、鑑真は僧綱の任を解かれている。その要因としては、一説に鑑真は戒律の遵守が厳しく、日本の僧と対立する面が生じたためとする考えがだされている。

唐招提寺の建立

天平宝字三年、鑑真は東大寺から、そのころ与えられた新田部《にいたべ》親王の旧宅に移り、戒壇

図54　唐招提寺金堂

院と唐禅院は弟子の法進にまかされた。そこで鑑真に与えられた宅地に対し、普照・思託らが伽藍を造営することを提言したことから戒院とし、「唐律招提」の名を立てて寺院の造営を開始している（図54）。

天平宝字四年もしくは五年には、淳仁《じゅんにん》天皇の即位に関連し、平城宮の大改修がおこなわれたさなかに、東朝集殿が唐招提寺《とうしょうだいじ》の講堂として施入されたと推測されている。じつは、鑑真に与えられ新田部親王の旧宅地は、橘奈良麻呂《たちばなのならまろ》が藤原仲麻呂の権勢を排除するために、天平宝字元年に新田部親王の子の道祖王《ふなどおう》、大伴古麻呂とともに暗殺を計画し、それが発覚した事件による没官地であった。

このような性格の土地だったとすると、

この地を鑑真に提供した背景には、仲麻呂による強い意向があったものと推測される。それだけではなく、仲麻呂は、みずからの宅地の田村第から唐招提寺の食堂の建物を寄進している。しかし、鑑真は伽藍の中心となる金堂の建立を見ることなく、天平宝字七年五月六日に没している。

鑑真が没した翌年九月、唐招提寺の造営に少なからず協力した仲麻呂は孝謙上皇側のクーデターによって、近江で敗死した。鑑真は、それを知ることなく亡くなったのである。

唐招提寺の建物と配置

この鑑真が造営を開始した唐招提寺の伽藍は、薬師寺の北にある。唐招提寺は南大門から入ると、北にある中門からめぐる回廊が金堂にとりついている。そして、その北に講堂、食堂が配され、さらに南北棟の東室・西室の僧房が対称に建てられている。塔が東に建てられたのは平安初期と推測されている。これらの堂塔のうち、金堂が建てられた時期は、文献からは知りえない。

そこで、唐招提寺から出土している軒瓦をみると、Ⅰ類に軒瓦の重圏文《じゅうけんもん》軒丸瓦六〇一二型式と重廓文《じゅうかくもん》の軒平瓦六五七二型式、Ⅱ類に軒丸瓦六二二五型式と軒平瓦六六六三型式、Ⅲ類に軒丸瓦六二三六D型式と軒平瓦六七二五A型式がある。これらのうちⅠ類は新田部親王の時代、Ⅱ類は平城宮の東朝集殿を移した講堂に葺かれたもの、Ⅲ類は金堂に葺かれたものと推測されている。このⅢ類は瓦当《がとう》文様からみて、宝亀年間と推測されるので、鑑真が没した以後に建てられたと考えられる。

唐招提寺の講堂は、一九六〇年代の後半に解体修理された。そのころに、講堂の前身だった平城宮跡の東朝集殿跡も発掘されており、著者は、二つの版築《はんちく》された建物基壇を見る機会があった。この講堂の基壇上には円形の造出しがあり、その上面の中央に、出柄《でぼぞ》状の突出のある礎石が配されていた。

鑑真の日本への渡航に際しての労苦は、『唐大和上《とうだいわじょう》東征伝《とうせいでん》』に詳細に記されている。これは宝亀一〇年（七七九）に、淡海三船《おうみのみふね》の撰によるものである。その巻尾には、撰者の淡海三船、弟子の思託と法進、石上宅嗣《いそのかみのやかつぐ》、藤原刷雄《よしお》、唐使高鶴林による哀悼詩が付されている。

8 法華寺金堂の造営と正倉院文書

法華寺金堂の造営

奈良時代に平城京に造営された著名な尼寺に、法華寺《ほっけじ》がある。東大寺が総国分寺であったのに対し、総国分尼寺として、法華滅罪寺《ほっけめつざいのてら》と呼ばれている。『正倉院文書《しょうそういんもんじょ》』には、この法華寺の金堂の造営に関連する「造金堂所解案」が収録されている。

この「造金堂所解案」については、福山敏男氏による優れた論文があり、天平宝字三年（七五九）から同四年にかけて、法華寺でおこなわれた造営であったことが解明されている（福山一九四三）。

法華寺金堂（図55）を造営する経費は、光明《こうみょう》皇太后の皇后宮職《こうごうぐうしき》を改組した藤原仲麻呂《ふじわらのなかまろ》を中心とする紫微中台《しびちゅうだい》の名称を変えた坤宮官《ごんぐうかん》、内裏《だいり》、法華寺、法華寺御息所《みやすところ》、他に大野内侍、花焔尼師など多くの尼僧らの拠金によっている。この金堂の造営は、造東大寺司が担当した。造東大寺司は、東大寺の造営を担っていた国家的な令外《りょうげ》の官司であった。そ

図 55　法華寺金堂

して、造東大寺司は、この法華寺金堂の造営を進めるため、主典《さかん》であった安都雄足《あとのおたり》を別当に任じている。また、雄足のもとに書記の案主《あんず》として下道主《しものみちぬし》と丸子人主を任命している。

工人と出勤日数

この造営は、造東大寺司に所属する領《うながし》と呼ばれた指揮・監督のもと、木工・仏工・画工・漆塗工・鋳物工・鉄工・石工・瓦工・轆轤工などの優れた技術をもつ工人らが分担して進めている。

そして、「造金堂所解案」には、これらの各部門の造営を担った工人たちの上日《じょうじつ》（勤務）した日数が詳細に記されている。それによると、最も多く出勤した領の物部真玉は二〇六日、道豊足《みちのとよたり》は二〇四日であった。また、建物を構築する現場で工人たちの食事を担当した優婆夷《うばい》の津守《つもりのまさめ》正女は二〇六日の出勤であった。

造営工事の実態

この造営では、まず金堂を建てるための礎石を、春日山から三六個を採石して運んでおり、桁行七間、梁行四間の建物であった。この建物の基壇端にめぐらした石材は、大和と河内の境にある二上山から、凝灰岩《ぎょうかいがん》の切石一九六五個が運ばれて使用された。これらの石材は、延石《のべいし》・地覆石《じふくいし》・羽目石《はめいし》・束石《つかいし》・隅《すみ》束石・葛石《かつらいし》、さらに階段用と扉に使用する唐《から》居敷《いしき》の礎石《そせき》もふくまれている。

金堂の身舎《もや》には一四本、庇に二二本の柱が建てられた。また仏堂内の須弥壇に丈六仏の本尊が安置された。この仏像は法華寺とは異なる地で制作されており、文書には関連する記載はみられない。この身舎の天井は、方一尺の格子が五〇四区あり、画工によってそれぞれに花の絵が描かれている。また庇の天井の三二八八区にも花の絵が描かれた。そして、屋根は瓦葺きされ、軒の垂木《たるき》の先端に一六一二個の垂木先瓦が釘で打ち付けられた。さらに、屋根の大棟の両端に鴟尾《しび》が据えられた。この鴟尾は金銅製で、現存する唐招提寺のものよりも少し大型のものであったと推測されている（福山一九四三）。

これらの造営工事では、河内の知識寺《ちしきでら》から「生銅《なまどう》」が車一二輌で運ばれている。この量は『延喜木工寮式』によると、七二〇〇斤（一斤を一六〇匁とすると四三二〇キロ）に相当する。これらの銅によって、一万三七四三個におよぶ銅製品が製作された。前述した大型の鴟尾のほかに、風鐸、天蓋《てんがい》用の幡、鏡、扉の金具、釘などが作られた。また、堂内には、僧が座して説法する高座二具が仏前に置かれた。そして、金堂の周囲には築地をめぐらし、これには生駒の高山から運んだ垂木を使用し、瓦葺きしている。

このように建てられた金堂の総経費は、福山敏男氏によると、雇工の賃金、食料、車代、材木、雑費を合わせると、二九四五貫九七二文になるという。また、これらの他に司工の賃金、杣山《そまやま》で伐採した木材、大坂山と春日山で採石した石材の価格を加えると、三三〇〇貫を超えたであろうと推測されている（福山一九四三）。

この金堂の造営は、天平宝字三年（七五九）五月一二日には開始され、同四年二月には、天井に描かれた蓮華文に金箔を貼り、一〇月二〇日にほぼ終了している。しかし、この金堂の造営の中心者だった光明皇太后は、造営を開始した翌年の天平宝字四年六月七日に没している。完成した金堂の姿を見ることはできなかったのである。

金堂は阿弥陀浄土院のものか

さて、この「造金堂所解案」の文書を詳細に研究された福山氏は、『続日本紀《しょくにほんぎ》』天平宝字五年六月七日条に、「皇太后の一周忌の斎会《さいえ》を阿弥陀《あみだ》浄土《じょうど》院《いん》に設ける。この院は法華寺の西南の隅にあり、忌斎を設けるために造る所である。その天下の諸国、各国分尼寺に於いて阿弥陀丈六の像一躯、脇侍菩薩の像二躯を造り奉る」と記されているので、この金堂は、阿弥陀浄土院の金堂であったと述べている。そして、福山氏は、法華寺の西南の地に、「浄土院」「浄土尻」の小字が残っており、しかも小字「浄土院」の北半の田圃に、地表から一メートルほどの高さで花崗岩《かこうがん》の立石があるので、そこを阿弥陀浄土院の跡地と推測している。

このように、「造金堂所解案」は、福山氏によって法華寺の造営であり、しかも阿弥陀浄土院の金堂の造営であったとされている。この阿弥陀浄土院の遺跡は、二〇〇〇年（平成一二）に奈文研によって一部が発掘されている。この法華寺の西南部にあたる発掘調査では、大規模な苑池《えんち》の一部が検出されており、浄土庭園が設けられていたことも明らかになっている。

ところで、『続日本紀』天平宝字五年六月七日条は、阿弥陀浄土院を、光明皇太后の一周忌の斎会のために設けたとし、法華寺の西南隅の地にあると記されている。しかし、「造金堂所解案」に記す造営は、天平宝字三年五月には開始しており、翌年の四年一〇月にはほぼ完成しているで、一周忌の忌斎をおこなうために阿弥陀浄土院を設けたとすると、この記載とは日程的に一致しないことになる。

さらに、前述した金堂を造営する費用の施入者の構成からみても、総国分尼寺の性格をもつ法華寺金堂の可能性が高いように理解される。そして、もし光明皇太后の一周忌のためなら、経費の施入者に藤原氏の名がまったく含まれていないのも、理解しにくいことである。さらに、奈良時代には、生前に浄土を意図する寺院造営は、まだおこなわれていなかったとされている。

以上の点などからみても、近年は福山氏が「造金堂所解案」を、光明皇太后が浄土庭園を有する阿弥陀浄土院を生前に法華寺の西南に造営したとするのは無理な理解で、法華寺金堂の造営と推測されている（黒田一九九二）。

総国分尼寺としての法華寺金堂造立

さて、東大寺では盧舎那仏の鋳造が終了した後、大仏殿の構築がおこなわれ、天平宝字二年に完成している。法華寺金堂の造営が開始した天平宝字三年は、その翌年にあたっている。「造金堂所解案」に記された金堂造営は、屋根に大型の鴟尾をのせた仏堂であったことからみても、総国分尼寺としての法華寺金堂が、造東大寺司によって造営されたものと理解される。そして、その造営記録の一部が『正倉院文書』として残されたものと理解して間違いないものである。

9　造東大寺司の下級官人・安都雄足の足跡

造東大寺司の業務と越前の荘園運営

『正倉院文書《しょうそういんもんじょ》』には、奈良時代に活動した多くの下級官人の名が記されている。この下級官人として顕著に名をとどめる一人に、造東大寺司に勤務した安都雄足《あとのおたり》がいる。雄足は、天平二〇年（七四八）九月に、舎人《とねり》の「阿刀男足」として、一切経音義二五巻を借用する使いとして内裏《だいり》に赴いている。そして天平勝宝五年（七六三）二月ごろまで、少初位上の官位で東大寺写経所の事務を担っている。

その後、北陸の越前国衙《こくが》の史生《ししょう》として公文書を写したり、文書に上官の署名などを取る官人として派遣されている。在任中の天平勝宝六年閏一〇月には、造東大寺司の荘園の一つである桑原荘《くわばらのしょう》の運営にも関与している。造東大寺司は、それ以前に史生であった越前出身の生江臣東人《いくえのおみあずまひと》を、新たに墾田を開発する使として越前に派遣し、越前に墾田を設けさせ、さらに円滑に経営するため、足羽《あすわ》郡の大領《たいりょう》に任じていた。

このような状況のもと、さらに造東大寺司は、安都雄足を越前国の史生として派遣している。雄足は生江東人と協議しながら、東大寺の桑原荘を経営面でより発展させている。そして、二年後の天平宝字二年（七五八）二月、造東大寺司は越前の荘園関係をより緊密にするために、派遣した雄足を造東大寺司の主典《さかん》として戻している。彼の官位は正八位上となり、写経事業の事務を主に担当しながら、継続して越前の荘園の経営にも少なからず関与している。

法華寺金堂の造営

さて、雄足が戻った翌年の天平宝字三年春、光明《こうみょう》皇后の主導で法華寺《ほっけじ》金堂の造営がおこなわれることになった。この法華寺の地は、平城京への遷都時には藤原不比等《ふじわらのふひと》の邸宅で、不比等が没すると一時的に藤原房前《ふささき》が管理したようである（近江二〇一五）。しかし、天平九年に天然痘の感染症で房前が没すると、光明皇后が引き継いでいる。そして、ここに法華寺金堂を建てることになったのである。

この金堂の造営は、造東大寺司が担うことになり、ここに法華寺造金堂所を設け、別当《べっとう》として主典の安都雄足を派遣している。雄足が別当として派遣されたのは、天平勝宝二年（七五〇）八月一九日付の『正倉院文書』に、大仏殿を構築する礎石《そせき》を作る工事に関連するものがあるので、そのときの評価によるものと思われる。

金堂を造営する費用は、内裏と皇后宮職から名称を変え藤原仲麻呂《なかまろ》を中心とする行政機関に変身した坤宮官《ごんぐうかん》、さらに法華寺の尼僧など多くの尼僧による施納物でまかなわれている。工事の事務部門を担う政所には、別当としての安都雄足の他に、文書を作成する案主《あんず》として下道主《しものみちぬし》、丸子人主が加わっている。そして、木工・仏工・画師・漆工・鋳物工・鉄工・石工・瓦工らの工人らを監督する領《うながし》として、造東大寺司から阿刀乙万呂・工廣道・道豊足《みちのとよたり》・弓削若万呂ら一一人が派遣されている。

法華寺金堂の造営工事の様子

金堂の造営は、福山敏男氏の研究によると、天平宝字三年（七五九）五月に開始されたと推測されている。

まず春日山から礎石を運んでいる。そして、基壇外装の羽目石《はめいし》・葛石《かつらいし》・地覆石《じふくいし》・延石《のべいし》として、二上山の凝灰岩《ぎょうかいがん》を大量に運んだ。木材は伊賀山・丹波山、さらに近江の高島山に設けた山作所で作材し、桴《いかだ》を組んで泉津に漕運している。さらに不足分は泉川（木津川）の泉津で購入したものを加えて車で運んでいる。

建物の骨組みを構築し、壁を塗り、内装は画工によって天井に花の絵が描かれている。

屋根は瓦葺きし、棟の両端に金銅製の鴟尾をのせている。堂内には、須弥壇を設け、仏像関連の文書はないが、他所で鋳造した丈六仏を安置したものと推測される。

造営工事は、ほぼ予定通り進められている。ところが、天平宝字四年六月七日、造営を牽引していた光明皇后が没した。しかし、それにもかかわらず金堂の造営は同四年一〇月には終了している。工事に要した日数は、二〇六日で、七ヵ月であった。この工事期間中、優婆夷《うばい》の津守《つもりのまさめ》正女が工事関係者の食事を担当している。

さて、この法華寺金堂の造営が終わった翌年の天平宝字五年一〇月、淳仁《じゅんにん》天皇は平城宮・京から、近江の保良宮《ほらのみや》・京へ遷都している。『続日本紀《しょくにほんぎ》』同年一〇月二八日条は、平城宮の改作のためと述べている。しかし、これは藤原仲麻呂が唐で安禄山《あんろくざん》の乱が起こり、玄宗《げんそう》皇帝が四川省に逃れているのを天平宝字二年一二月に、遣渤海使《けんぼっかいし》として帰朝した小野《おのの》田守《たもり》から知らされ、これを千載一遇の機会とみなし、渤海と連携して新羅《しらぎ》攻めを計画したことによるものだった。

石山寺の増改築

保良宮・京へ遷都した直後の一一月、近くにあった石山寺《いしやまでら》で、小規模な仏堂（金堂）と数棟からなる小伽藍の、仏堂を大改修し二六棟の建物を構築する大増改築が計画されている。この大増改築は、ここで国家的な写経を進めるためと考えられ、この工事も造東大寺司が担うことになった。

一二月に入ると、安都雄足は造石山寺所の別当として派遣された。また、一二月末から近江の甲賀郡に甲賀山作所が開かれ、そこで造東大寺司の工人らが派遣され、伐採し、建築材の作材を開始している。

石山寺に着いた雄足は、造石山寺所の案主として造東大寺司から下道主を呼んでいる。また、新たに構築する写経所で写経事業をすすめるため、写経部門の事務に精通している上馬養《かみのうまかい》を案主として招いている。

このように造石山寺所は、別当の安都雄足、案主の下道主、上馬養による体制がつくられている。この時、下道主は四〇歳、上馬養は四五歳だったので、雄足はそれより少し年長だったと思われる。

建築材の手配と工事の進行

天平宝字六年正月早々、甲賀山作所で作材した柱・桁・垂木などが野洲川の三雲《みくも》津《のつ》の近くまで運ばれた。しかし、雄足はそれらを留めおき、漕運させなかった。これらの建築材を三雲津まで運ぶには車を必要とし、運送費がかかりすぎることがわかったからであろう。

そこで、雄足は正月中旬に、石山からわずか六キロ隔てた田上山《たなかみやま》に新たに山作所を設け、作材のため領《うながし》として玉作子綿と木工・鉄工・仕丁・雇夫らを派遣している。それ以後は石山寺の建築材は、ここを主体に伐採し、建築材に粗く作材し、桴《いかだ》で石山寺前の津に漕運させている。石山寺から田上山作所には二時間ほどで連絡がつき、建築材を積んだ桴は半日で石山寺に着いたと思われる。それだけに、この雄足の判断はじつにみごとなものだった。

石山寺では写経所の建物を正月早々に建て、上馬養の監理のもと、宝字六年正月一六日には、紙・帙《ちつ》・綺《かば》（絹の一種）などを内裏に請求し、写経事業を開始した。建物の構築では、仏堂（金堂）を解体し、四面庇をもつものに拡大し、その一方で法堂（講堂）・食堂《じきどう》・経蔵、僧房・大炊屋・温屋・仏師房・厠など二六棟が建てられている（図56）。

これらのうち、仏堂は屋根に垂木が架けられた直後、東大寺から良弁《ろうべん》が訪れ、軒の反りを修正するよう指示している。雄足はすぐに、田上山作所に飛炎垂木《ひえんたるき》の寸法の変更を伝えている。

大増改築工事（図57）は、六年八月には本堂の外壁の壁塗りの一部を残すのみでほぼ仕上がっている。これらの建物を構築する工事現場の厨房では、法華寺金堂の造営のときと同じく、優婆夷の津守正女が調理を担当したのである。

図 56　石山寺山門

図 57　仏殿を造営する工人たち
（石山寺縁起絵巻模本、東京国立博物館所蔵、ColBase〈https://colbase.nich.go.jp/〉）

写経事業を進める

石山寺から造東大寺司の写経所に戻った安都雄足は、同年一二月に大般若経二部、一二〇〇巻の写経をおこなうことになった。しかし、五月下旬、淳仁と孝謙《こうけん》上皇が、突然に保良宮《ほらのみや》から平城宮へ還幸し、にわかには事務部門は対応できなかったようで、その費用は節部省《せつぶ》（大蔵省）から渡された調《ちょう》の綿（真綿）一万六〇四〇屯、その包装に使われた租布八〇段、辛櫃《からびつ》三五合であった。

写経をするには、紙・墨・筆・米・海藻・塩・醤・未醤・酢・大豆、・麻油・土器など、多くの物品を購入し、準備する必要があった。そのため、雄足はまず一二月二〇日に、節部省から受領した綿一万六〇四〇屯のうち、六七〇〇屯を写経所の史生《しし》《しょう》の川原人成、土師名道、案主の上馬養、下道主、領《うながし》の社下《そこしも》月足、丹工の漆部《ぬりべ》枚人《ひらひと》ら一一人に分割して配り、売却させている。その後も分担して売却させ、綿は一〇二一貫四六八文、租布一一貫三九五文、辛櫃二貫八五〇文を得て、写経事業をすすめ、天平宝字七年（七六三）四月末には、大般若経二部、一二〇〇巻の写経を完成させている。

このように、安都雄足は、じつに優れた下級官人だったが、藤原仲麻呂とのつながりが少なくなかったのか、孝謙上皇側による仲麻呂政権を倒すクーデターが起こった天平宝字八年以後は、『正倉院文書』から忽然《こつぜん》と姿を消している。

10　紀寺の奴婢の解放とその背景

奴婢をめぐる事件

平城京の外京にあたる東七坊五条の東南隅に、紀氏の氏寺である紀寺《きでら》（図58）があった。奈良時代の後半、この紀寺をめぐり事件ともいうべき大きなできごとがあった。『続日本《しょくにほん》紀《ぎ》』天平宝字八年（七六四）七月一二日条に、紀寺に属していた奴婢《ぬひ》に対する以下のような記事が掲載されている。

この日付けに先立ち、従二位の文室浄三《ふんやのきよみ》が、前年の一二月一〇日に、紀寺にいる奴の益《ます》人《ひと》らによって訴えられていることとして、紀袁祁《きのおけ》朝臣の娘であった粳売《ぬかめ》は、紀伊国氷高《ひだかの》評《こおり》の内原《うちはら》直《のあたい》牟羅《むら》に嫁いで、身売《みめ》と狛売《こまめ》の二人の子を産んだ。ところが急に事情がおこったので、袁祁朝臣がとりはからい二人を紀寺に住まわせることにした。そのころ紀寺では伽藍の造営がおこなわれていたので、二人の女性は、伽藍の工事にかかわる工人たちに食事を作るなどしていた。

その後、持統四年（六九〇）に庚寅《こういん》年籍の戸籍が編纂されたとき、紀寺の事務を担っている三綱《さんごう》は、身売と狛売の二人を奴婢として記載して戸籍に入れてしまった。というわけで、長いこと誤って奴婢に記載されたことを訴え続けてきたが、むなしく年月が経過している。このような益人による訴えに対し、その真偽のほどを関連するものを詳細に検討して、その結果を報告するようにといわれたという。

図 58　璉城寺（紀寺）の門
璉城寺は平城京の紀寺跡とされる。

そこで、浄三らは戸籍に関連する記録を探し、僧綱所《そうごうしょ》にある天智朝の六七〇年に作られた庚午年籍にあたってみると、この戸籍では賤民を記したなかに、奴の太者と紀袁祁の娘の粳売および粳売の子の身売と狛売の名も記されていた。しかし、この賤民として記載した身売や狛売の名前には、奴婢に記入した際には、その理由を記すべきなのに、ここには記されていなかった。

そこで、賤民として庚午年籍《こうごねんじゃく》に記載されているのだから、そのまま賤民とすべきであるという人、またある人は、賞をなすときに疑わしいときにはよい方の賞を、一方の刑罰に処する際は、疑わしいときには軽い方にすべきであると古典に明記しているので、この場合は、よい方の良民にするのがよいという人があり、二つの意見が対立している状態である、ということで、どうか天皇の採決を仰ぎたいと述べた。

するとと、高野天皇（孝謙上皇《こうけん》）は、後の方の判断にすべきということだった。

そこで、賤民から解放し、益麻呂ら一二人に紀朝臣の姓、真玉女ら五九人に内原直の姓を与え、紀益麻呂《きのますまろ》を戸主として京の戸籍に編入することにした。ところが、紀寺の寺院側の紀朝臣伊保《いほ》らは、この勅は本当に天皇の判断なのか、なお疑っているということだった。

そこで、七月一二日の本日に至り、御史大夫《ぎょしたいふ》（大納言）の文室浄三と仁部（民部）卿の藤原朝獦《あさかり》を内裏に呼び、高野天皇は口頭でつぎのように伝えている。庚午年籍によって、そのまま賤民にすべきというのと、賤民の理由が記されていないので良民にすべきであるというのは、いずれも道理にあっている。そこで、昔の聖人が伝えているように、この際は、罪の軽いようにすべきであり、良民にすべきであると。それを御史大夫の文室浄三に対面して告げ、さらに仁部卿の藤原朝獦にも述べて聞かせた、と。

解放された紀益麻呂の昇進

その後のことである。『続日本紀』天平神護元年（七六五）四月四日条は、従六位上の紀益麻呂に従五位下を授けたという。この記載によると、解放された益麻呂は、わずか一年にも満たないのに、従六位下の官位を有しており、しかも加えて従五位下を授けられている。そして二年後、『続日本紀』神護景雲元年（七六七）八月一六日条は、陰陽員外助の従五位下の紀益麻呂に、正五位下に叙したと記し、あわせて陰陽寮の他の官人らも、ともに昇進する官位を授けている。じつはこの記事は、これに先立つ七月一六日に、天空に麗しい七色の雲が立ち上り、これを伊勢国司や陰陽寮も奏上してきたので、まさに大瑞《だいずい》にあたることであり、神護景雲に改元するにいたったことと関連するものであった。

さらに、『続日本紀』宝亀元年（七七〇）二月一五日条によると、益麻呂は陰陽頭に栄進し、さらに伯耆介も兼任している。また同年七月二〇日条によると、益麻呂は、驚くべきことに従四位下にまで昇進している。ところが、理解しにくいのは、その三年後の『続日本紀』宝亀四年七月一七日条は、従四位下の紀益麻呂の罪を許して庶人とし、姓を田後《たしり》部《べ》とし、天平宝字八年に身分を解放された紀寺の賤民七五人も、いずれも寺の奴婢に戻されている。ただし、益人（益麻呂）のみは良人としたことを述べている。

紀寺の奴婢に戻される人びと

このように紀寺に属していた奴婢は、その身分が解放されながらも、その九年後に、再び紀寺の奴婢に戻されたのは、どのような要因・原因によるものなのか。そもそも益人は紀益麻呂と名を変えた後、どのようにして貴族の世界の従四位下まで昇進できたのか。この紀寺の奴婢たちの解放とその顚末には、少なくとも三つのことを考えてみる必要があるだろう。

まず、その一つは、天平宝字八年七月一二日、益人が身売と狛売を婢の身分から解放を求めたのに対し、高野天皇の勅では、なぜ益麻呂ら一二人と真玉女ら五九人などの七五人に及ぶ奴婢を解放したのだろうか。高野天皇の勅では、身売と狛売は、賤民とされた要因や履歴が明らかでないとして解放している。身売・狛売が紀寺に住むようになったのは、天智朝の庚午年籍が編纂された六七〇年以前のことであった。そして、解放された天平宝字八年には、すでに九四年以上の年数が経過しており、その子孫は真玉女ら五九人にふえていたものと推測される。そこで、その累世代の人たちが解放されることになったものと思われる。

一方、益人の解放の要因はまったく記されていないが、同様に奴とされた理由が記されていなかったかも知れない。あるいは、解放を訴えた当人として、高野天皇による特赦の可能性も考えられるであろう。それにしても、紀寺は、その経営のために多くの田畑を所有し、その耕作などに多くの奴婢を擁していたのである。しかも、この紀寺の奴婢を解放する勅がだされたとき、紀寺を氏寺とする紀伊保、紀牛養《うしかい》らはこの勅に対して不服で、すぐに従おうとしなかったとして二人は位階を剥奪されている。

紀益麻呂昇進の背景

二つに、天平神護元年四月四日条では、紀益麻呂は解放された翌年の四月に、すでに従六位下の官位を有し、加えて従五位下を授けられたのはどのようなことによるものだろうか。

このように、益麻呂が、一年にも満たずして従六位下の官位を有したのは、きわめて特異な功績によるものであったと推測される。これと関連する可能性の高いものとして、『続日本紀』天平宝字八年一〇月一四日条は、無位の紀益女に従五位下を授けたと記している。しかも、益女は、翌年の天平神護元年正月七日に、他の一四人とともに勲位を授けられている。これらの中には、孝謙上皇の女官だった壬生直《みぶのあたい》小家主女《おやかぬしめ》もふくまれており、この勲位の授与は、前月の九月一一日に孝謙上皇側による藤原仲麻呂《ふじわらのなかまろ》政権に対するクーデター（仁藤二〇一二）に関連するものであった。

淳仁《じゅんにん》天皇の内裏におかれていた天皇御璽《ぎょじ》を孝謙上皇側に奪われたので、藤原仲麻呂は態勢を立て直すために、中衛府軍とともに平城京から近江国庁へ向かった。しかし、追跡した上皇側の授刀寮軍は、宇治から田原道を経て先回りし、勢多《せた》橋を焼いたのである。そのため、仲麻呂は高島郡へ逃げたが敗死した。

このクーデターにかかわったと推測される紀益女は、紀益麻呂と同じく紀寺の奴婢から解放された一人であったと推測される。しかも益麻呂と同一の家族、もしくは一族だったと思われる。『続日本紀』天平神護元年八月朔日条によると、益女は優れた占いのできる巫女であったという。その後のこと、舎人《とねり》親王の孫であった和気《わけ》王は密かに皇位につくことを望み、紀益女に占いによって実現するように協力を求めたことを記している。しかし、この和気王の陰謀が漏れたことから、和気王と紀益女はともに処刑されたことを述べている。

また、この記事では、和気王は藤原仲麻呂が武器を整えていることを孝謙上皇側に上申（密告）したという。この上申によって、孝謙上皇側は、先手を打って淳仁天皇の内裏にあった玉璽《ぎょくじ》を奪うというクーデターを挙行している。

そして、このクーデターが成功した直後、和気王は兵部卿に任命され、一〇月九日、左兵衛督の山村《やまむら》王、外衛大将の百済王敬福《くだらのこにきしきょうふく》らとともに、兵士数一〇〇人を率いて淳仁天皇の中宮院をとり囲み、天皇を拘束した。その後、天皇は淡路に護送されている。

紀益女の能力と動向

以上、述べたことのうち、問題になるのは、仲麻呂の武器の調達に関連する情報を、和気王は、どのようにして入手し、孝謙上皇側に伝えたのかが問題になるであろう。この情報は、天平宝字八年一〇月一四日条に無位であった紀益女が従五位下の高い官位を授与されていることからすると、紀益女から入手したのではないかと推測される。この紀益女は前述したように、紀益麻呂によって紀寺の奴婢が解放されたとき紀朝臣の姓となった一二人のうちの一人であり、益人とは兄と妹、もしくは同族であった可能性が高いものと思われる。そして、益女が巫女であり、占いに通じていたことと、紀寺の奴婢から解放された後に、紀益麻呂が陰陽寮の職掌に関与するようになったこと、またknown たい前兆の瑞雲を先んじて観察できたのも、紀益麻呂、紀益女もともに天文・気象や卜占《ぼくせん》に通じていたことによるものと考えられる。

紀寺から解放された直後、紀益麻呂は何らかの機会に、藤原仲麻呂の部署で、秘密裏に大量の武器の運搬もしくは入手にかかわる作業に従事、もしくは目撃することがあった可能性がある。しかも、それを紀益女に語るようなことがあり、その機密情報を、益女が何らかのつながりのあった和気王に伝えることがあったのではないかと推測される。

これが無位の益女に破格の高い官位である従五位下が授けられ、また勲三等の武勲を授与されたこととの要因かと考えられるが、その情報源となった益麻呂にも無位から従六位下の官位が授与されたものと思われる。さらに益麻呂も占いに少なからず通じていたことが評価され、陰陽員外助として陰陽寮の職掌の一端につらなることになったものと推測され、しかも先んじて瑞雲の目撃者にもなったのではないか。このように、益麻呂は陰陽寮での活動が高く評価され、宝亀元年七月には従四位下にまで昇進したのである。

紀益麻呂の官位の剝奪

宝亀元年八月四日、高野天皇（孝謙上皇＝重祚して称徳天皇）が没すると白壁《しらかべ》王が皇太子となった。そして二一日、道鏡《どうきょう》は左遷され、下野薬師寺の別当に任じられた。

一〇月朔日に白壁王が即位する（光仁《こうにん》天皇）。その後の宝亀四年七月一七日、従四位下の紀益麻呂は許されて庶人とし、紀寺の賤民七五人も紀寺に戻されている。そして、益人（益麻呂）のみ、良人とされている。これは、どのような要因による措置だろうか。

この官位の剝奪は、天平神護元年八月の和気王の謀反《むほん》に関連し、和気王と紀益女が処刑されたことと関連するものと思われる。この謀反は高野天皇のもとでおこり、藤原仲麻呂に対しクーデターを挙行する情報提供者だった益女も処刑された。しかし、謀反にもかかわらず、益女の一族の益麻呂まで処分することはなかったのであろう。

光仁が即位すると、孝謙・称徳と道鏡時代に対する刷新がおこなわれ、また見直しが進められている。その結果、宝亀四年四月一七日条は、天平宝字元年の橘《たちばなの》奈良麻呂《ならまろ》の変、藤原仲麻呂のクーデターにかかわる遠流・近流の処分者も釈放されている。

また、遡る宝亀二年一〇月一七日には、紀寺の奴婢の解放に関連して官位を剥奪された紀伊保・紀牛養を元の官位の従五位下に復している。そして、宝亀四年七月に紀益麻呂に対する官位の剥奪がおこなわれている。これは、和気王の謀反に加担した紀益女の一族としての連帯責任の追及、もしくは高野天皇によって官位を剥奪された紀伊保・紀牛養に官位を復したことからみて、高野天皇による紀寺の奴婢の解放に対する新政権による厳しい判断によるものではないかと推測される。いずれにせよ、益麻呂は奴婢の世界から貴族の世界に這い上がっている。しかし、奴婢からは解放されたが、再び無位の世界に戻されたのである。

紀寺の前身寺院の所在地

なお、益人が訴えた身売・狛売が造営中の工人らの食事にかかわっていたという紀寺の所在地について少し言及しておくことにしたい。

紀寺は紀氏の氏寺である。この氏寺の造営は、『続日本紀』天平宝字八年七月一二日条によって、平城京へ遷都する以前の天智朝から伽藍の造営がおこなわれていたことがわかる。その所在地は、長いこと飛鳥の小山に所在する紀寺跡に考えられてきた。この小山に所在する寺院跡は、古く保井芳太郎『大和上代寺院志』（一九三二年）に「字名を紀寺といひ奈良奠都以前はここにあったと傳へてゐる」と記し、軒丸瓦として、大きめの中房に蓮子を二重にめぐらし、複弁で外縁に雷文縁《らいもんえん》をつけるもの、また同様の中房と複弁で、外区内縁に連珠文、外区外縁に線鋸歯文《せんきよしもん》をつけるものを紹介している。

一九六六年（昭和四一）以降に藤原宮跡が発掘され、北大垣が検出されたことから、岸俊男氏によって藤原京の条坊が復元された。また一方で、この紀寺跡の隣接地に県営庭球場の建設が計画され、それにともなって一九七三・七四年に、紀寺跡の発掘が実施されている。その結果、この藤原京の左京八条二坊四坪を占め、その中軸と伽藍の中軸が一致することが判明している。

藤原京の条坊の施工は天武五年（六七六）より以前には遡らないので、平城京の紀寺の前身寺院とはみなせないことになる。また、飛鳥の紀寺に葺かれた創建軒丸瓦《のきまるがわら》である雷文縁軒丸瓦は、紀氏の本拠である紀の川流域の氏寺では出土していないので、これまでも疑問視する考えがだされている（森郁夫一九九八）。さらに、藤原京の左京に造営された紀寺は、右京の元薬師寺とほぼ対称の位置に建てられた古代寺院である。しかし、平城京では外京の東南隅に建てられており、その移転した後の位置に少なからず差異がある。

このような諸点からみても、飛鳥の小山に造営された紀寺跡（小山廃寺《こやまはいじ》）を平城京に建てられ、益人が身売・狛売を婢から解放するのを訴えた紀寺跡の前身の寺院とすることはできないことになる。これには、平城京の紀寺の前身寺院を大和のどの寺院に求めるか、ということが新たに課題になる。

瓦からみた紀氏の氏寺

紀氏の本拠であった紀の川流域の氏寺に葺かれた軒瓦に注目すると、流域に建てられた寺院では、いずれも軒丸瓦の縁に文様のない単弁八弁蓮華文《たんべんはちべんれんげもん》が葺かれている。これらは大和の飛鳥にある坂田寺《さかたでら》跡から出土する単弁八弁蓮華文を祖形にするものと考えられている。これと同じ型でつくられた同笵《どうはん》のものは、平群の地に建てられた尼寺《にんじ》廃寺に葺かれている。

紀氏の本拠の紀伊の地は、巨勢《こせ》道によって飛鳥の地とつながっているとはいえ、著者は天智朝に造営を開始した紀寺は、式内社の紀氏神社が鎮座する平群《へぐり》郡の地に建てられ、紀氏は仏像の制作を委託するなど鞍作《くらつくり》氏の坂田寺と何らかのつながりをもつことがあり、その際に、坂田寺の単弁蓮華文軒丸瓦の瓦当笵《がとうはん》を譲り受け、尼寺廃寺に葺いたものと推測する。この尼寺廃寺は、北廃寺と南廃寺とがあり、尼寺北廃寺の発掘では、東面する金堂跡とその南で半地下式に大きな心礎を据え、その上に多くの礎石が残る塔跡が検出されている。この近江朝の紀寺に推測される尼寺北廃寺は、創建軒瓦として坂田寺と同笵の単弁軒丸瓦を葺いている。このように、尼寺北廃寺に坂田寺の単弁軒丸瓦を葺いたのを契機として紀の川流域の紀氏の本拠の氏寺も、これと同系譜の単弁蓮華文の瓦当文様を採用するようになったと考えている（小笠原二〇二〇）。

11　山辺郡の山中に建てられた毛原廃寺

山中の謎の古代寺院・毛原廃寺

毛原廃寺《けはらはいじ》は、奈良県山辺《やまべ》郡山添《やまぞえ》村の毛原にある大きな古代の寺院跡である。ここには畑に伽藍の大きな礎石《そせき》が今日まで散在して残っている。古く一九〇一年（明治三四）、奈良市佐紀町で平城宮跡を見いだし、その構造をほぼ明らかにした関野《せきの》貞《ただし》氏によって、奈良時代に建てられた南大門・中門・金堂跡であることが一九〇二年の『建築雑誌』に紹介された。その後の一九二六年（大正一五）、国史跡になっている（図59〜61）。

その後、古代の山添村一帯は、天平勝宝七歳（七五五）に板蝿杣《いたはえのそま》として東大寺《とうだいじ》領になったので、毛原廃寺は東大寺によって建てられた寺院と理解されるようになった。また、一九七九・八六年（昭和五四・六一）、名張川《なばりがわ》と笠間川との合流地の岩屋《いわや》で瓦窯《がよう》跡《あと》が発掘され、この岩屋瓦窯は毛原廃寺の瓦を焼いた瓦窯であることが判明した。

一九九一年（平成三）、橿原考古学研究所に勤務していた松田真一氏・近江俊秀氏は、

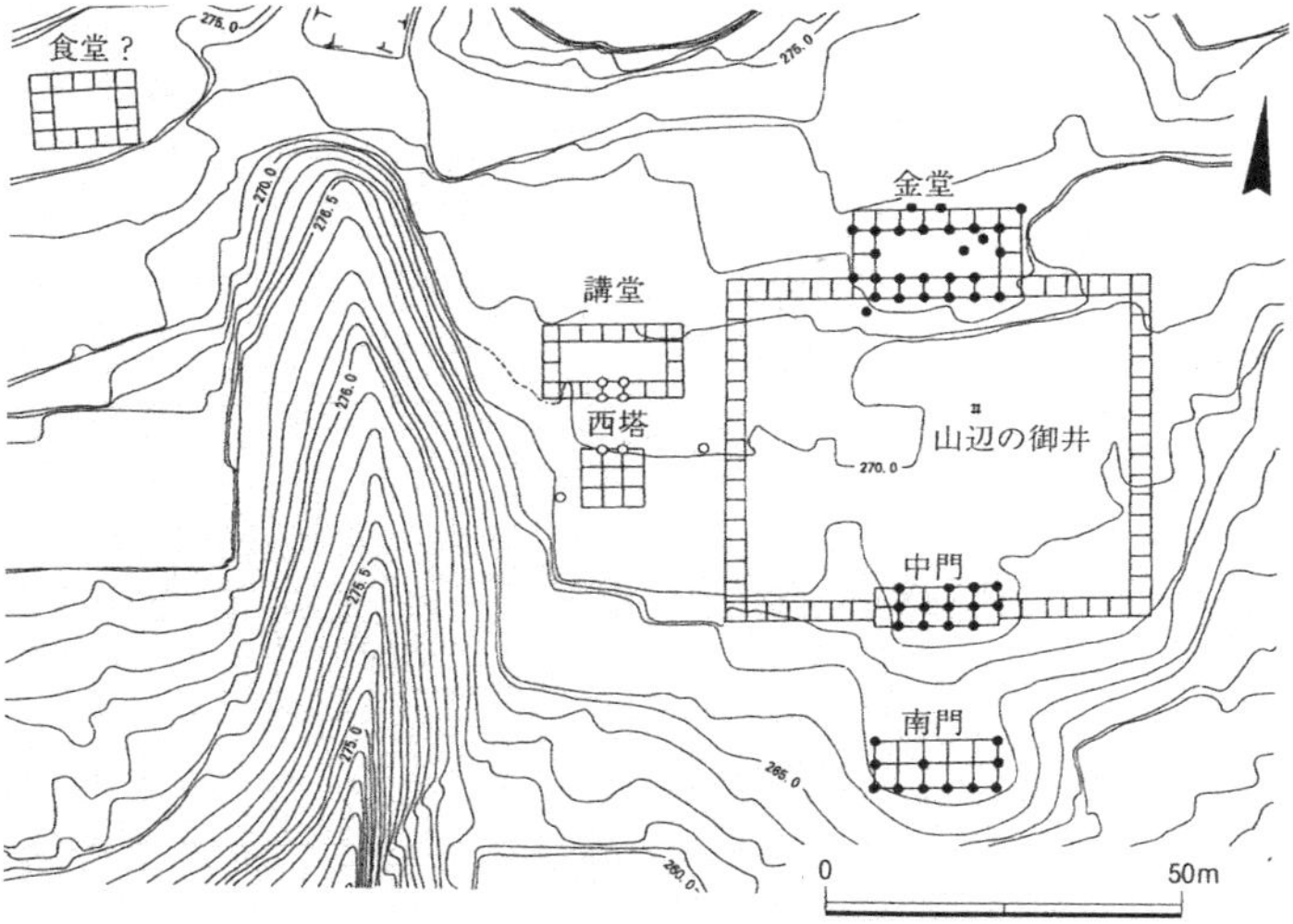

図 59　毛原廃寺の伽藍
（松田真一・近江俊秀「毛原廃寺の研究」『考古学論攷』1991 年）

図 60　毛原廃寺の金堂跡（西から）

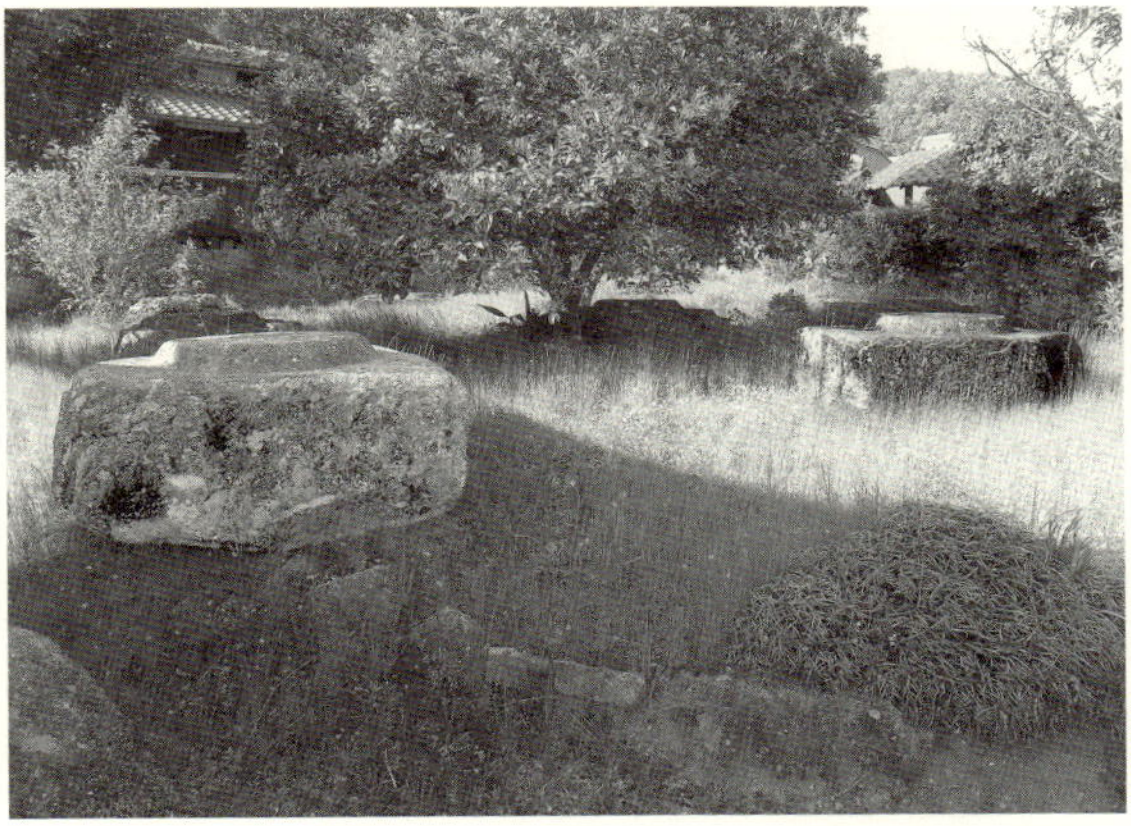

図 61　毛原廃寺の金堂礎石

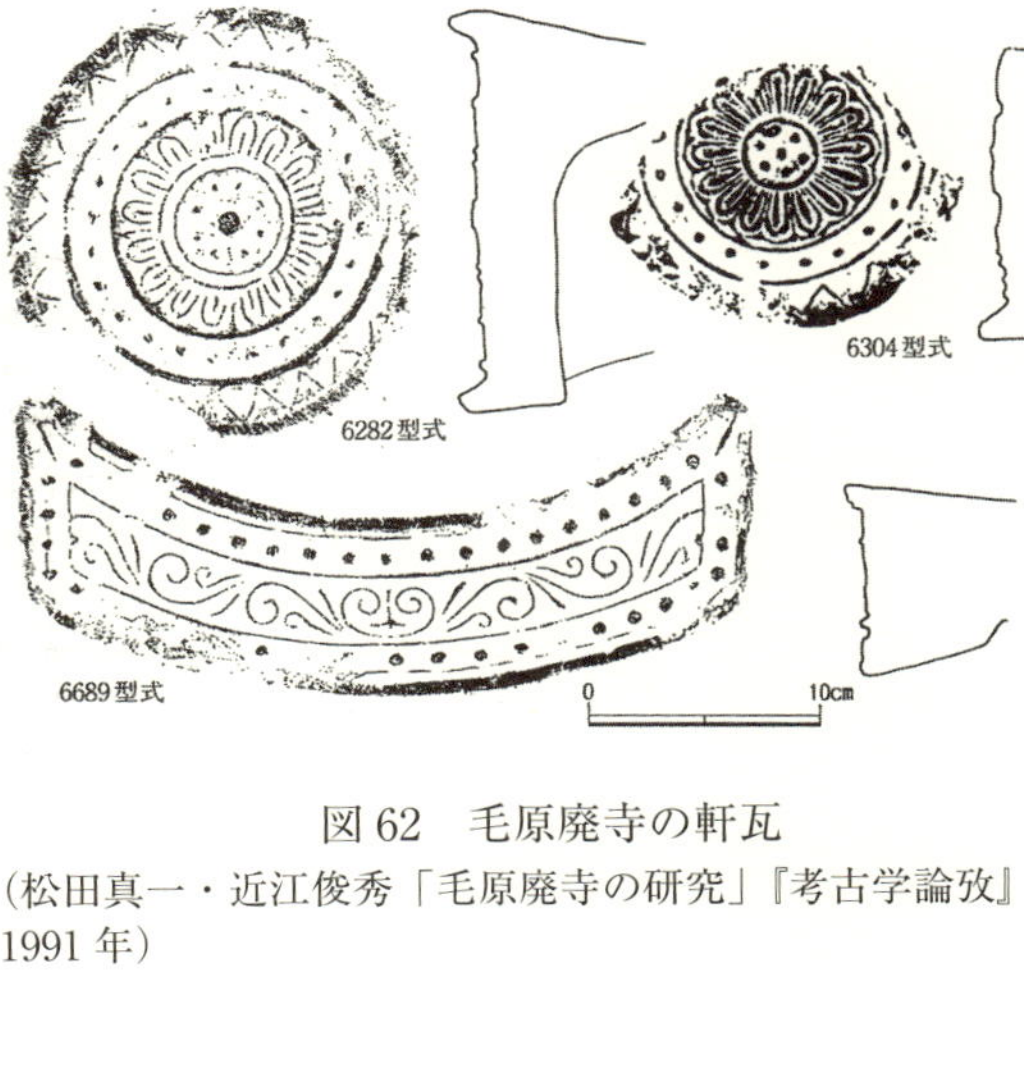

図 62　毛原廃寺の軒瓦
（松田真一・近江俊秀「毛原廃寺の研究」『考古学論攷』1991 年）

毛原廃寺を詳細に再検討し、この寺院に葺かれた軒丸瓦《のきまるがわら》六二八二型式・六三〇四型式、軒平瓦六六八九型式の年代を検証している。その結果、これらの軒瓦は天平初年まで遡るものであることを明らかにしている（図62）。そして、近江氏は、毛原廃寺は東大寺が造営される以前の古代寺院なので、東大寺とはかかわらないものし、その立地から国家的な山林寺院とする考えを提示している（松田・近江一九九一）。

毛原廃寺を造営した氏族

しかし、著者は、古代寺院には百済大寺《くだらおおでら》・川原寺《かわはらでら》・本薬師寺《もとやくしじ》のような国家によって建立された寺院もあるが、その大半は氏寺なので、毛原廃寺もこれを造営した在地の有力氏族を明らかにすることが必要であると考えている。毛原廃寺の付近には、平岩古墳・石塚古墳・塚穴古墳など六世紀後半に築造された古墳が所在するので、在地の有力氏族が造営した氏寺の可能性が少なくないものと考える。それには、この山辺郡の毛原を本拠地とした氏族が、この大規模な毛原廃寺の伽藍を造営しうるような政治力、経済力をもつ有力氏族であったことを明らかにすることが必要になる。

この山辺郡を本拠地とした古代の氏族を考えると、奈良市都祁甲岡町《つげこうおか》から小治田安万侶《おはりだのやすまろ》墓が見つかっている。しかし、小治田氏は高市郡を本拠地とする氏族である。また、平城京から出土した「長屋王家木簡《ながやおうけもっかん》」に山辺君大人、平城宮跡から出土した木簡に山辺君押熊、『正倉院文書《しょうそういんもんじょ》』に天平宝字二年（七五八）二月に、東大寺に送られた画師に山辺郡出身の小長谷広国、黄文三田などがいる。しかし、それ以上のことはわからない。また、『正倉院文書』に写経生として、山辺公諸公、山辺公千足など山辺君（公）一族も記されており、注意される。

また、この『正倉院文書』には、さらに注意すべき人物として、天平宝字年間に、泉津で造東大寺司の泉木《いずみのき》屋領《やのうながし》を担った山辺公武羽《やまべのきみたけはね》がいる。武羽は泉木屋所から東大寺の奉写大般若所へ榑《くれ》・波多《はた》板《いた》などの木材と鹿毛筆・墨・堝・滑海藻など多くの物品を購入して送っている。これらの山辺氏一族のうち、山辺公武羽は、造東大寺司の泉木屋領として、木材の購入にかかわっており、とりわけこのことが重視される。

木材需要の急増と輸送方法

ところで、日本の古代都城は、七世紀末に初めて官人らが集住する中国的な条坊をもつ藤原宮・京が造営されている。さらに八世紀の初頭には大和の北端部に平城宮・京を造営し、遷都している。この藤原宮・京と平城宮・京への遷都では、大極殿院《だいごくでんいん》・朝堂院《ちょうどういん》・内《だい》裏《り》・諸官衙《かんが》の建物が新たに構築されている。また京内には、多くの官人らの邸宅が構築されている。

さらに、藤原宮・京から平城宮・京への遷都では、一部は藤原宮・京から解体し、再利用したものもあったとしても、にわかに膨大な量の木材が必要な状況になったものと推測される。

奈良時代におこなわれた大規模な寺院の造営を詳細に記録した史料に、興福寺《こうふくじ》の西金堂、法華寺《ほっけじ》金堂、さらに近江の石山寺《いしやまでら》の大増改築に関連する『正倉院文書』がある。ここには、「造物所作物帳」に興福寺西金堂の造営のこと、また造東大寺司によって造営された法華寺金堂と石山寺の大増改築に関連する詳細な記録が残っている。

それらの造営に関連する史料をみると、大量に必要とした木材は、伊賀や近江の杣山《そまやま》で伐採し、桴《いかだ》を組んで泉川（木津川）、瀬田川を利用して漕運している。それだけでなく、不足分の木材や板材を作る榑《くれ》などを、泉川河畔の泉津などから購入して調達している。

河川による木材輸送

八世紀初頭におこなわれた平城宮・京への遷都において、にわかに必要となった膨大な木材は、平城京周辺の大和の山林から伐採し、陸路を運んだものもあるであろう。しかし、木材は長大なため、主として伊賀の木津川上流の河川を利用し、桴に組んで泉津に漕運されたと推測される。そして、伊賀からは木津川・柘植《つげ》川・服部《はっとり》川・名張川によって大量の木材が漕運されたものと考えられる。

これらの河川のうち、特に名張川に注目すると、現在の名張市の地域を流れ、大和の山辺郡を流れる笠間川と岩屋で合流する。この笠間川の流域に毛原廃寺が建てられている。そして、毛原廃寺の堂塔の屋根に葺く瓦類は岩屋に設けられた岩瓦窯で焼成され、舟に積んで笠間川を遡上し漕運している。

木材売却による山辺氏の成長

また、岩屋瓦窯と毛原廃寺が建立された地域をみると、毛原から岩屋の地域には、平岩古墳・石塚古墳・塚穴古墳などの後期古墳が築造されていることからみて、この地域は山辺君の本拠だったと推測して間違いないであろう。そして、山辺郡を本拠とした山辺君は、平城京遷都に際して大量の木材が必要となったことから、笠間川流域に広がる広大な山林から大量の木材を伐採し、桴に組んで笠間川・名張川を利用して漕運し、木津川の泉津に運んだものと推測して疑いないであろう。

その結果として、山辺君は膨大な木材を泉津で売却することによって、伊賀の木津川・服部川・名張川流域を本拠とする氏族と同様に、豊かな経済力を有する有力氏族になったものと推測される。とりわけ山辺君は、平城宮・京への遷都に際し、初めて木材を漕運したと思われ、藤原宮・京の造営時にも大量の木材を漕運していた伊賀の地域の氏族らを凌駕する大量の木材を泉津に漕運しえたものと推測される。そして、この時期に最も経済力を有する有力氏族に豹変したのではないか。

毛原廃寺の造営と瓦の手配

さて、毛原廃寺に葺かれた平城宮とつながりをもつ軒瓦の瓦当《がとう》文様からすると、毛原廃寺の造営氏族である山辺君は、大量の木材を泉津に漕運したことから、平城宮の造営を担った造宮省の木屋司の官人らと深いつながりをもつようにもなったことも疑いないであろう。そして、木材の交易によって豊かな財力を有するようになった山辺君は、八世紀の前半に、みずからの氏寺を造営することを計画した際に、平城宮の造宮省とのつながりから造瓦所に造瓦工人の派遣を要請したものと推測される。また、派遣された造瓦工人らは、岩屋瓦窯を設け、軒丸瓦六二八二型式、軒平瓦六六八九型式の新様式と六三〇四型式の瓦当笵を製作して軒瓦を焼成している。

これらの岩屋瓦窯で焼かれた瓦は、毛原廃寺の屋根を葺いただけでなく、木津川上流域を本拠とした伊賀の氏族がすでに造営を開始していた夏見《なつみ》廃寺《はいじ》・才良《ざいりょう》廃寺・伊賀国分寺（前身寺院）・鳳凰《ほおう》廃寺でも、伽藍の整備にともなって、岩屋瓦窯から同笵軒瓦が供給されたことも明らかになっている。

山辺氏の氏寺としての盛衰

このように、毛原廃寺は、山辺郡の山間部に建立された寺院ながら、平城宮・京への遷都にともない、にわかに経済力を有するようになった山辺君が造営した氏寺であったと考えられる。この寺院は、礎石からみても、きわめて優れた堂塔を配した氏寺であった。

この氏寺の伽藍が完成した後の天平勝宝七歳（七五五）、東大寺が板蝿杣《いたばえのそま》を山辺郡一帯に設けている。その結果、この地域を本拠とする山辺君は、ここで生業を続けることは困難な状態になったものと推測される。そして、この毛原廃寺の周辺から撤退せざるをえなくなったものと思われる。その結果として、毛原廃寺の伽藍は廃墟となり、謎の古代寺院となったものと推測されるのである。

第四章

墓誌を残した人びと

1　太安万侶の墓誌とさまざまな墓誌

太安万侶の墓誌の発見

一九七九年（昭和五四）一月、奈良市の東に連なる山を一〇キロほど越えた此瀬《このせ》町から太《おおの》安万侶《やすまろ》の墳墓が見つかった。その際に、現地を訪れ、発掘調査を見学したことがある。この墳墓は、東西にのびる丘陵の南斜面の茶畑にあった。そこで、少なからず意外な感じを抱きながら、その中から墓誌が出土した墳墓を覗いてみた。

この墳墓は、一辺が一・七メートル、深さ一・六メートルほどの方形の墓壙《ぼこう》を掘り、その中央部に幅五〇センチ、厚さ一〇数センチほど木炭を敷き、木製の櫃《ひつ》を置いていた。そして両側には土を入れ、櫃の上二〇センチまで木炭で覆っていた。さらに、墓壙の上まで土を突き固めて墓壙を埋めている。

出土した太安万侶墓誌は、文字面を下にして木櫃の底面におかれていた。長辺二九センチ、短辺六一センチ、純銅に近い薄い短冊型の銅板であった（図63）。銘文は、両側辺と中央に界

線を刻み、右側に、

　左京四條四坊従四位下勲五等太朝臣安萬侶以癸亥

そして、左側に、

　年七月六日卒之　養老七年十二月十五日乙巳

と刻まれていた。

その後、太安万侶の墳墓が此瀬町の丘陵地に埋葬された要因、あるいは『続日《しょくに》本紀《ほんぎ》』に、太安万侶が亡くなったのは七月七日とされてきたことから、一日ずれることなどが問題になっている。

図63　太安万侶墓誌（文化庁所蔵）

太安万侶の事績

太安万侶は『多神社注進帳』には、品治《ほんじ》の子とある。また『続日本紀』大宝四年（七〇四）正月七日条に、正六位下から従五位下に叙され、貴族官人の末席に名を連ね、和銅四年（七一一）四月七日条に正五位上に叙されている。そして『古事記《こじき》』序文に、同年九月一八日、元明《げんめい》天皇の命によって『古事記』を献上するように命じられ、和銅五年（七一二）正月二八日に撰録したと記されている。そのとき正五位上と勲五等があわせて記されている。この勲五等は出土した墓誌銘によって再確認されたことになる。

さらに『続日本紀』霊亀元年（七一五）正月一〇日条に、従四位下に叙されたことを記しており、これも墓誌の銘文と一致する。しかし、『続日本紀』の記載からすると、勲五等の記録に関連することは見いだせないことになる。

この勲五等は武勲に関連するものと推測され、これには、大宝元年（七〇一）から二年におこった薩摩、多褹《たね》の隼人《はやと》への征討での受勲を推測する考えと、和銅二年の越後、陸奥の蝦夷《えみし》への軍事的な行動を推測する考えがある。前者では、安万侶は正六位下くらいの官位に推測されるので勲五等は無理だろうという。そして、後者の和銅二年三月五日条は、陸奥と越後の蝦夷がしばしば人民に危害を加えているというので、正四位下の巨勢麻呂《こせのまろ》を陸奥鎮東将軍、また正五位下の佐伯石湯《さえきのいわゆ》を征越後蝦夷将軍、従五位下の紀諸人《きのもろひと》を副将軍に任じて派遣している。

この『続日本紀』の記事では、陸奥鎮東将軍に巨勢麻呂を任命しながら、副将軍の名を欠いており、この副将軍に安万侶も派遣されていたと推測する考えが提起されている（野村一九八〇）。そして『古事記』を撰録した安万侶は、文人であっただけでなく、武人の一面もあったことが喚起されている。将軍の巨勢麻呂が正四位上なので、副将軍に正五位下だった安万侶が派遣された可能性は少なくなく、無理な推測ではないように思われる。

中国の墓誌

新たに出土した太安万侶墓誌をふくめ、日本の古代の墓誌は一六例ほどが知られている。しかし、このような古代の墓誌は、中国では各地の博物館を訪れると、じつに多くのものが展示されている。かつて西安《せいあん》市の碑林《ひりん》博物館を訪れると、廊下の壁面にいくつもの墓誌を塗り込めているのを見たことがある。

中国では、後漢代には墳墓に被葬者の墓碑が建てられていた。しかし、墳墓を荒らす盗掘が流行したので、『三国志《さんごくし》』で著名な曹操《そうそう》は碑を建てることを禁止した。そこで、それに替わって、墓室に履歴などを記した墓誌が副葬されるようになったという。隋唐代には、方形の石に墓誌の銘文を刻み、その上に截頭《せっとう》四角錐台《すいたい》の蓋石を載せる様式が確立し、これまで多くの墓誌が中国各地で見つかってきている。

二〇一三年（平成二五）夏、西安市の北隣にある咸陽《かんよう》市で、唐の高宗《こうそう》・則天武后《そくてんぶこう》の乾陵《けんりょう》を見学に訪れた。その際、飛鳥の高松塚《たかまつづか》の女官らの壁画としばしば比較される陪葬墓の永泰公主《えいたいこうしゅ》墓を見学したときも、長い墓道に大きな墓誌が置かれていた。そして、日本で出土する墓誌も、このような隋唐の墓誌を副葬する葬送儀礼を、遣唐使らが日本社会に伝えたものである。ここで、これまで出土している日本の墓誌の数例を紹介することにする。

船氏王後墓誌

一例に大阪府柏原市の松岳山《まつおかやま》から出土した船氏王後墓誌《ふなしおうごのぼし》がある。この墓誌は、縦二九・七五センチ、横六・八センチ、厚さ一・五センチの短冊型の銅板である（図64）。これには、

（表）惟船氏故　王後首者是船氏中租　王智仁首児　那沛故
首之子也生於乎娑陁宮治天下　天皇之世奉仕於等由
羅宮　治天下　天皇之朝至於阿須迦宮治天下　天皇之
朝　天皇照見知其才異仕有功勲　勅賜官位大仁品為第
（裏）三殯亡於阿須迦　天皇之末歳次辛丑十二月三日庚寅故
戊辰年十二月殯葬於松岳山上共婦　安理故能刀自

同墓其大兄刀羅古首之墓並作墓也即為安保万
　代之霊基牢固永劫之寶地也

と細長い銅板の表裏に各四行ずつ、計八行、一六二字による銘文を刻んでいる。そして、

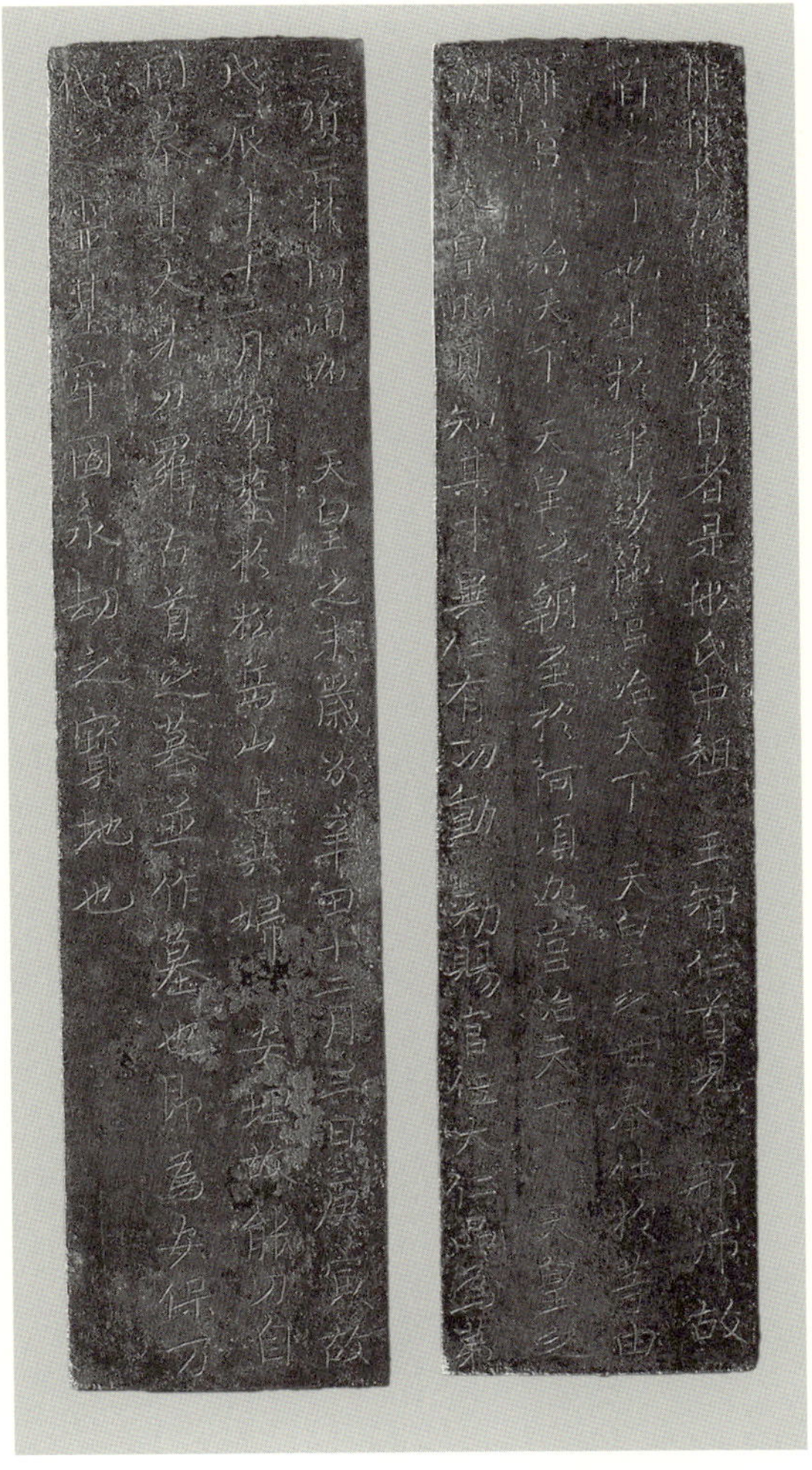

図 64　船氏王後墓誌（三井記念美術館所蔵）

王後が敏達《びたつ》天皇の世に生まれ、推古《すいこ》・舒明《じょめい》朝に官人として仕え、官位の大仁・品第三を授与され、また辛丑年（六四一）に没したこと。その後、戊辰年（天智七・六六八）一二月三日に松岳山に埋葬され、その墓は妻とともに埋葬され、さらに兄の墓と並べて造ったことを記載している。この墓誌は、日本出土のものでは、最も古いものであり、また記載内容でも一つの典型例といってよいものである。

美努岡万墓誌

奈良県生駒市萩原から出土した美努岡万《みののおかまろ》墓誌は、長さ二九・四チセン、幅二〇・六チセンの長方形型の金銅板である。これは、縦横に罫線を施し、一行一七字、一一行にわたり次のように刻んでいる（図65）。

我祖美努岡萬連飛鳥浄御原　天皇御世
甲申年正月十六日勅賜連姓藤原宮御宇
大行　天皇御世大寶元年歳次辛丑五月
使乎唐国平城宮治天下大行　天皇御世
霊亀二年歳次丙辰正月五日授従五位下
任主殿寮頭神亀五年歳次戊辰十月廿日

卒春秋六十有七其為人小心事帝移孝為
忠忠簡帝心能秀臣下成功廣業照一代之
高栄揚名顕親遺千載之長跡令聞難盡餘
慶無窮仍作斯文納置中墓
天平二年歳次庚午十月□日

図 65　美努岡万墓誌（東京国立博物館所蔵、ColBase〈https://colbase.nich.go.jp/〉）

この墓誌は、岡万が天武《てんむ》天皇のときに連の姓を賜い、文武《もんむ》天皇の大宝元年（七〇一）に遣唐使の一員として派遣され、帰朝の後に、元正天皇のときに従五位下となり、主殿《とのも》寮《りょう》の頭《かみ》に任ぜられたこと。没したのは神亀五年（七二八）一〇月二〇日で、この墓誌が作られた天平二年（七二〇）十月□日に墓に納めたことを記している。そして、文の終わりに『孝経《こうきょう》』などをもとにした文を連ねている。この美努岡万の墓に墓誌を納めたのは、遣唐使に派遣された貴重な体験と、それによって唐の墓制によく通じていたことを示すものであろう。

小野毛人墓誌

京都市左京区修学院町の崇道神社《すどうじんじゃ》裏山から出土した小野毛人《おののえみし》墓誌がある。長さ五九㌢、幅六㌢、厚さ五㍉の金銅製で長大な短冊型のもので、

（表）飛鳥浄御原宮治天下天皇　御朝任太政官兼刑部大輔位大錦上

（裏）小野毛人朝臣之墓　営造歳次丁丑年十二月上旬即葬

と、小野毛人が天武朝で刑部大輔を担ったことを記す墓誌で、天武六年に埋葬したことを刻んでいる。

この小野毛人は、『日本書紀《にほんしょき》』には記事がないが、『続日本紀』和銅七年四月一五日条に、中納言・従三位兼中務卿・勲三等の小野毛野《けぬ》が亡くなった際の記事に、毛野は推古朝の大《だい》徳冠《とく》（冠位一二階の第一位）妹子《いもこ》の孫であることを記し、さらに小錦中《しょうきんちゅう》（天智三年制定の冠位二六階の第一一位）の毛人の子であることを述べている。この記事では、毛人の官職は知りえないので、墓誌はそれを補足することになる。しかし一方では、ここには「大錦上」ではなく、「小錦中」と記しており、また小野氏の姓は天武一三年に臣から朝臣に改

められており、「大錦上」「朝臣」は、後の贈位・改姓によるものと推測され、この墓誌は、持統《じとう》朝以後に追納された可能性が高いとされている。そして、その時期は、毛野の時代に推測されている。

威奈大村墓誌

さらに、注目される墓誌に、奈良県香芝《かしば》市穴虫山《あなむしやま》で見つかった威奈大村《いなのおおむら》墓誌がある。この墓誌は、高台のつく金銅製の蔵骨器《ぞうこつき》の蓋の表面に刻まれたものである。この銘文は、一行一〇字詰めで三九行、全文三九二字、銘文を放射状に右から左へと一巡して刻んでいる。長文なので銘文の記載は省略するが、その内容は、少納言の威奈卿は、諱《いみな》は大村で、威奈鏡公の第三子である。天武朝、持統朝、文武朝に官人として仕え、慶雲二年（七〇五）に太政官の左小弁となり、越後に赴任し、越後城司となった。そして、慶雲四年四月二四日、越後で没した。四六歳であった。冬一一月二一日、大和国葛木下郡山君里狛井山崗に帰葬したことを記述している。そして、漢籍による文を記し、「空しく泉門に対し、長《とこしえ》に風燭を悲しぶ」と、じつに、中国の墓誌と同様に長文を刻んでいる。

この威奈大村は、持統太上天皇が大宝二年（七〇二）一二月に没した際に、持統の葬送儀礼にかかわっている。『続日本紀』大宝三年一〇月九日条は、持統の葬儀のため二品の穂積《ほづみ》親王を葬儀の装束を整える長官に任じた際に、広瀬《ひろせ》王・石川宮麻呂《いしかわのみやまろ》とともに従五位下の大村がその副に任じられている。この葬儀では持統太上天皇は火葬されており、その葬送儀礼にかかわっている。その後、大村が越後の任地で没した際に、大村も持統と同様に、この火葬を採用し、その蔵骨器に墓誌銘が刻まれたのも、持統の葬儀のときの任務と少なからず関連するものかと推測される。

中国の墓誌とのちがい

以上のような日本の七・八世紀の墳墓に埋納された墓誌をみると、太安万侶墓誌・船氏王後墓誌・小野毛人墓誌のような短冊型のもの、美努岡万墓誌のような長方形型のもの、さらに威奈大村墓誌のような蔵骨器の容器の蓋に刻むものなどがあり、少なからず多様性がある。

隋唐の墓誌をモデルにしながら、大半は金属製の銅板や容器に刻まれており、石製のものは奈良時代末の高屋枚人《たかやのひらひと》墓誌と紀吉継《きのよしつぐ》墓誌の二例のみで、隋唐の墓誌とは著しく異なっている。このような差異が生じた要因を考える必要があるであろう。それには日本がたどった歴史的な背景を踏まえる必要があり、後に少し述べることにする。

2　石川年足の墓誌とその経歴

石川年足墓誌の発見

文政三年（一八一〇）、摂津国嶋上郡《しまかみ》真上《まかみ》光徳寺（現在の高槻市真上一丁目）の荒神山で、大きな松の木の根元から火葬骨を入れた木櫃《もくひつ》と、その上に置かれた金銅板が見つかった（図66）。この金銅板は長さ二九・六センチ、幅一〇・三センチ、短冊型の片面に六行の銘文を刻む。

武内宿祢命子宗我石川宿祢命十世孫従三位行左大
辯石川石足朝臣長子御史大夫正三位兼行神祇伯年
足朝臣當平成宮御宇天皇之世天平寶字六年歳次壬
寅九月丙子朔乙巳春秋七十有五薨于京宅以十二月
乙巳朔壬申葬于摂津国嶋上郡白髪郷酒垂山墓礼也
儀形百代冠盖千年夜臺荒寂松柏含煙嗚呼哀哉

これは、奈良時代の高官であった石川年足《いしかわのとしたり》の墓に納めた墓誌であった。この墓誌によると、年足は蘇我馬子《そがのうまこ》の直系に連なる四代の後裔、持統《じとう》朝に左大弁・従三位だった石川石《いわ》足《たり》の長子であり、御史《ぎょし》大夫《だいふ》（大納言）・正三位兼神祇伯であったこと、そして天平宝字六年（七六二）九月三〇日に七五歳で没し、摂津国嶋上郡白髪郷の酒垂山《さかたれやま》に一二月に埋葬されたことを記しているに留まっている。

図66　石川年足墓誌（模造）
（東京国立博物館所蔵、ColBase
〈https://colbase.nich.go.jp/〉）

国司・巡察使などを歴任

石川年足は奈良時代の官人として、じつに豊かな歴史を歩み、足跡を残した官人である。

彼の歴史を少し補足することにする。

年足は、天平七年（七三五）四月、四八歳のとき、従五位下に叙され、出雲守となっている。その後、『続日本紀』天平一一年六月二三日条は、数年にして国守としてすぐれた善政をおこなったとして、絁《あしぎぬ》三〇疋・麻布六〇端・正税三万束を賜っていることを記す。多くの国守が各地に任じられながら、年足が評価されたのは、国司がなすべき政務によく習熟していたことにあったであろう。

このような実績がかわれ、天平一六年（七四四）九月一五日、東海道巡察《じゅんさつ》使となった。この巡察使は諸国に派遣され、国司や郡司らによる地方行政を詳細に監察する使者である。このとき年足は、みずからの出雲国守の経験を踏まえ、東海道諸国の国司や郡司らに、行政措置を指導したものと推測される。その二年後の天平一八年四月、年足は陸奥守に任じられ、同年一一月、左中弁に任じられた。左中弁は上申書や行政命令をだす職掌である。さらに翌年の天平一九年正月に従四位下となり、三月に東宮大夫兼左中弁となる。

そして、同年一一月七日には、阿倍小嶋・布勢宅生らと分担し、諸国に国分寺《こくぶんじ》・国分尼寺《こくぶんにじ》の造営の督促に派遣されている。この国分寺・尼寺の造営は、天平一三年二月一四日、聖武《しょうむ》天皇が諸国に寺院の伽藍を建立するよう詔《みことのり》をだしたことによる。七重塔を建て、金字の金光明経一部を写して、塔の中に安置し、伽藍はその地域で最もすぐれたところを選んで建てさせている。国司は郡司のなかから優れた者を選んで、この寺院の造営を担当させ、塔・金堂・僧房などを三年内に建てるようにすること。また、これを造営するために田畑を加え、僧寺は九〇町、尼寺は四〇町を財源として進めるように督促したものである。このときの年足は六〇歳だった。

紫微中台の官職に任じられる

聖武は天平一二年一二月末に恭仁宮・京へ遷都し、また同一六年二月に難波宮《なにわのみや》・京へ、さらに同一七年正月に近江甲賀宮《こうかのみや》へと遷都を繰り返し、そして同年五月上旬に、甲賀宮から平城宮・京へ還都した。そして八月末に難波宮へ行幸したが、重病となり、九月一九日には内外の印と駅鈴《えきれい》を平城宮からとりよせるような危機的な状況になっている。幸い平癒《へいゆ》し、二六日に平城宮へ還幸している。しかしその後も体調はすぐれなかったようで、天平勝宝元年（七四九）七月二日、皇太子の阿倍内親王《あべのないしんのう》に皇位を譲り、孝謙《こうけん》天皇が即位した。

この孝謙による新政権では、左大臣に橘諸兄《たちばなのもろえ》、右大臣に藤原豊成《ふじわらのとよなり》、大納言に藤原仲《なか》麻呂《まろ》・巨勢奈弖麻呂《こせのなでまろ》らが就任している。ところが、その一ヵ月ほど後の八月一〇日、皇后宮職は紫微中台《しびちゅうだい》に名称を変え、大納言の藤原仲麻呂をその長官の紫微令、参議の大伴兄《おおとものえ》麻呂《まろ》と式部卿の石川年足をその次官の大弼、百済王孝忠《くだらのこにきしこうちゅう》、式部大輔の巨勢堺麻呂《さかいまろ》、中衛少将の背奈王福信《せなのこにきしふくしん》を少弼、さらに大忠、少忠のポストを兼任で任命している。

この紫微中台は、唐では詔書の作成や民政を司る紫微省（中書省）と、行政事務をになう太政官的な官庁の中台（尚書省）をあわせた名称のものであった。しかも八省の筆頭であった中務省より上位に、そして太政官につぐ行政機関に変貌したのである。この紫微中台の長官に藤原仲麻呂が任じられ、光明《こうみょう》皇太后と仲麻呂による新たな権力機構が造られた。この新権力機構に石川年足も加えられている。年足がこの紫微中台の次官として参入したのは、年足の政務の処理に対する手腕と、行政法にじつによく通じていたことが高く評価されてのことであったと推測され、六二歳のことであった。

橘奈良麻呂の変と淳仁天皇の即位

孝謙が即位した後の政界は、行政を進める最高機関の太政官と、光明皇太后と藤原仲麻呂による紫微中台が設けられ、政治の執行部門は二つになり、それまでとは異なり、まさに両頭政治が展開することになった。

天平宝字元年（七五七）正月に左大臣の橘諸兄が没し、三月には、前年の天平勝宝八歳（七五六）五月に没した聖武の諒闇《りょうあん》（天子が父母の喪に服す期間）に対する道祖王《ふなどおう》の行為を理由に皇太子を廃され、彼に代わって仲麻呂の女婿の大炊王《おおいおう》が皇太子となった。さらに五月二〇日、仲麻呂は紫微中台の紫微令から、軍事部門にも権限を有する紫微内相となる。

そこで、このような新たな仲麻呂勢力に反対する橘奈良麻呂《ならまろ》は、大伴・佐伯・多治比氏らと密かに仲麻呂の打倒を計画したが、密告によって発覚した。橘奈良麻呂の変である。この政変は、逮捕された小野東人《おののあずまひと》らの自白によると、七月二日、仲麻呂の居処である田村第を急襲して仲麻呂を殺害し、皇太子の大炊王を退け、ついで皇太后から駅鈴と印璽《いんじ》を奪い、孝謙を廃し、黄文《きぶみ》王ら四人のなかから天皇をたてるという計画だったことが判明した。この政変に関連して、橘・大伴・佐伯・多治比氏などの氏族が処罰された。これによって、仲麻呂は中央政界から、反対勢力を一掃することになったのである。

翌年の天平宝字二年、八月一日、孝謙は高齢化した母の光明皇太后の世話を十分にできかねるという理由で、皇太子の大炊王に譲位した。この日、大炊王は平城宮の第二次大極《だいごく》殿《でん》で即位した。淳仁天皇である。

年足の昇進と国政への関与

淳仁《じゅんにん》天皇の即位にともなって、石川年足は従三位から正三位になった。八月二五日に、紫微内相の仲麻呂は大保（右大臣）に任命された。また、この日、大保の藤原仲麻呂、中納言・式部卿・神祇伯の石川年足、参議の文室智努《ふんやのちぬ》、参議の巨勢関麻呂《せきまろ》ら六人が勅を報じてそれまで使用してきた官職名を、太政官は乾政官《けんせいかん》（乾は天の意味）、太政大臣は大師、左大臣は大傅《だいふ》、右大臣は大保、大納言は御史《ぎよし》大夫《たいふ》、紫微中台は坤宮官《こんぐうかん》（坤は地を意味する）と呼ぶことになった。

その後の一二月一〇日、遣渤海使《けんぼつかいし》の小《お》野田《ののた》守《もり》が帰朝し、唐では天宝一四年（天平勝宝七＝七五五）一一月に、節度《せつど》使《し》の安禄山《あんろくざん》が反乱をおこし、玄宗《げんそう》皇帝は四川省に逃れている旨を報告した。そこで、藤原仲麻呂は、天平宝字三年六月一八日、新羅《しらぎ》を討つため大《だ》宰府《ざいふ》に行軍式をつくらせた。そして、六月二二日、天皇が国政に対する提言を求めると、年足は、律令に準拠して政治はおこなわれ、政治のおおもとは格《きやく》式《しき》を用いている。しかし、別式（行政の細則）は編纂されたものがないので、この『別式』を作り、律令とともに施行するように提言している。

また一方、仲麻呂は九月に新羅征討のため、北陸道・山陰道・山陽道・南海道に船五〇〇艘を三年間で造ることを命じ、戦いの準備をすすめている。その翌年の天平宝字四年正月四日、仲麻呂が大保（右大臣）から大師（太政大臣）となると、正三位の年足は、御史大夫（大納言）に任じられている。

さらに、天平宝字五年一〇月、仲麻呂は新羅征討を進めるため、平城宮・京から近江の保良宮・京に遷都させている。しかし、翌六年五月二三日、保良宮で道鏡をめぐり、淳仁と孝謙太上天皇が不和となり、平城宮・京へ還幸した。

年足の死と墓誌

天平宝字六年の九月三〇日、年足は没した。七五歳であった。同日の『続日本紀』に記された年足の薨伝《こうでん》には、年足の系譜と出雲守としての善政、官職を記し、天平宝字三年に『別式』の編纂を上奏し、みずから二〇巻を作成したことを述べている。

年足が没してから二年後の天平宝字八年九月、藤原仲麻呂政権が孝謙上皇側によるクーデターで倒されている。年足は、この政変に巻き込まれることはなかったのである。

はじめに記したように、年足の墓誌には、石川石足の長子であり、御史大夫・正三位・神祇伯として七五歳で没したことを記載している。また、摂津国嶋上郡白髪郷酒垂山に埋葬されたことも述べているが、以上のような豊かな歴史をたどった官人であった。

このような経歴をもつ年足が没した際に、火葬され、墓誌が納められたのは、仲麻呂が国家の官職名を唐風に変えたとはいえ、彼も唐の諸制度や葬送儀礼にもよく通じており、唐の葬送儀礼に准じて、みずからの墳墓に墓誌を副葬させたものと思われる。

3　中国で見つかった井真成の墓誌

——日本と中国の墓誌——

留学生・井真成の墓誌の発見

二〇〇四年（平成一六）秋、中国の西安《せいあん》市の建築現場から機械によって「井真成《せいしんせい》」の墓誌が掘り出されたことが報道された。見つかったのは、古代の隋唐長安城の城坊地区からである。この井真成は、第一〇次遣唐使として多治比県守《たじひのあがたもり》を押使、大伴山守《おおとものやまもり》を大使、藤《ふじ》原宇合《わらのうまかい》を副使として、養老元年（七一七）に派遣された留学生の一人と推測される人物で、長安城で客死した留学生である。この井真成墓誌の文には、

　　贈尚衣奉御井公墓誌文幷序

　公姓井字真成國号日本才稱天縦故能

□命遠邦馳騁上國蹈禮樂襲衣冠束帯

□朝難与儔矣豈圖強學不倦問道未終

□遇移舟隟逢奔駟以開元廿二年正月

□日乃終于官弟春秋卅六　皇上
□傷追崇有典　詔贈尚衣奉御葬令官
□即以其年二月四日窆于萬年縣滻水
□原禮也嗚呼素車暁引丹旐行哀嗟遠
□兮頹暮日指窮郊兮悲夜臺其辭曰
□乃天常哀茲遠方形既埋於異土魂庶
　帰於故郷

と刻んでいる（図67）。この墓誌は、身の法量が縦四〇・三センチ、横三九・二センチ、厚さ一〇・五センチ、蓋の法量が縦三七・九センチ、横三七・三センチである。この墓誌によると、井真成は唐で学びながら、開元二二年（天平六＝七三四）正月□日、三六歳で没したこと。そこで玄宗《げんそう》皇帝から尚衣奉御《しょういほうぎょ》を贈られ、二月四日、万年県《まんねんけん》の滻水《さんすい》の東原に葬ること。身柄は長安の異なる地に埋葬されるが、魂は故郷へ帰らんことを、と記されている。

古代には日本から多くの留学生が唐に派遣されている。その派遣された留学生には、よく知られる阿倍仲麻呂《あべのなかまろ》のみでなく、日本に戻れなかった留学生が他にもいたのである。この井真成という留学生は、『続日本紀《しょくにほんぎ》』などに記されていない留学生の一人であった。

銘文配置の疑問

二〇一〇年（平成二二）四月三日から六月二〇日まで、平城遷都一三〇〇年を記念し、奈良国立博物館で「大遣唐使展」が開催された。この特別展でも井真成墓誌が展示されていた。著者は博物館でこの墓誌を凝視した際に、この墓誌に刻まれた銘文の後の空間が少し大きいことが気になった。

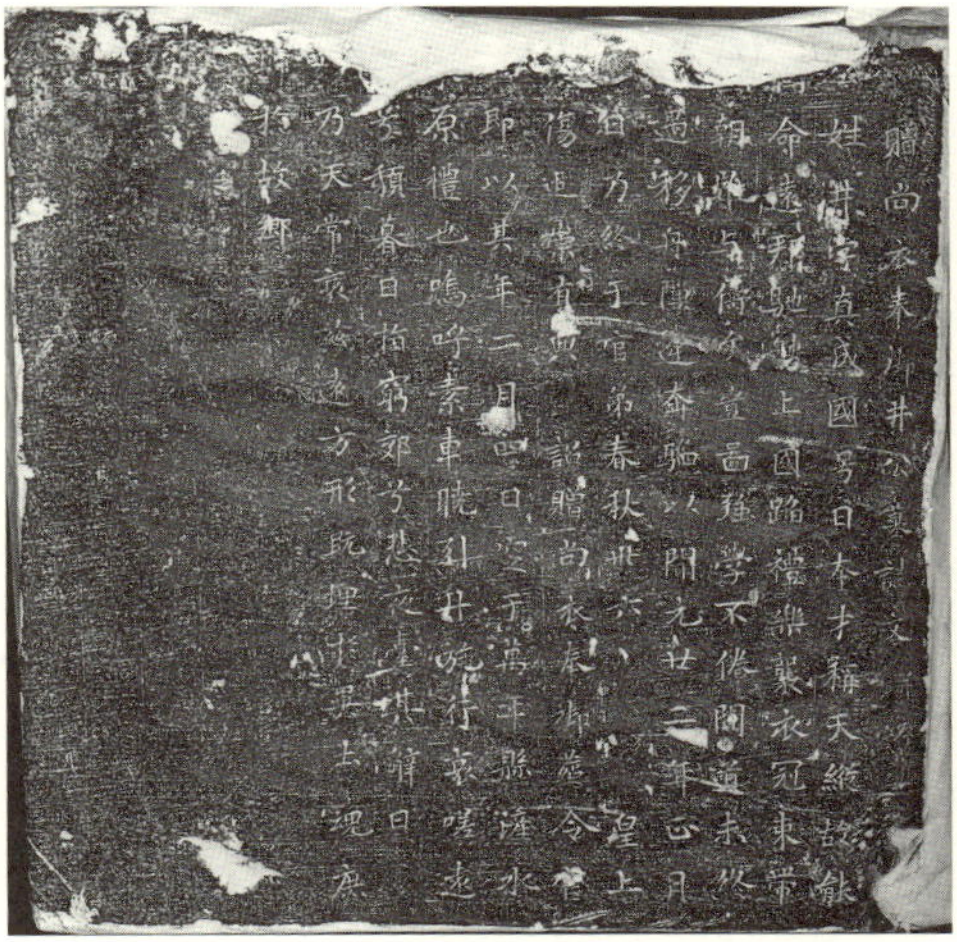

図 67　井真成墓誌拓本
（西北大学文博学院所蔵）

なぜ、このような終わりの空白の大きい字配りになったのだろうか。墓誌銘によると、井真成は開元二二年（天平六＝七三四）正月□日に亡くなり、二月四日に葬儀がおこなわれ、埋葬されている。この碑文を検討した矢野建一氏によると、天平五年（七三三）に派遣された第一〇次遣唐使は、玄宗皇帝の拝謁の許可を待ち、七三四年二月七日まで長安に滞在したので、二月四日の葬儀に参列したと推測している（矢野二〇〇五）。東野治之氏は、井真成墓誌のように、空白のある墓誌の例が他にもあることを述べている。

しかし、この井真成の墓誌の場合は、二月四日の葬儀の日に合わせて仕上げる事情、もしくはそうせざるをえない事情があったのではないか。そのため、この墓誌の銘文を刻む途中で、文案の三行分の文章を省略して刻んだように思われる。また、截頭《せっとう》四角錐台の蓋石は少し黒みがかった石材で、平面はほぼ正方形だが、身よりも少し小さいものである。これも、工事中に一緒に共伴したものとすると、他に作られていたものを、にわかに合わせたもののように思われる。

墓誌を製作した工人

中国の長安で客死した井真成の墓には、唐の様式によって方形の石製墓誌が副葬されている。隋唐の墓誌は、いずれも方形をなす石に銘文を刻み、截頭四角錐台の蓋石を伴っている。しかし、同時期に日本の墳墓に副葬された墓誌は、その大半が銅板や銅製の蔵骨器《ぞうこつき》などの蓋などに墓誌銘が刻まれている。なぜ墓誌を製作しながら、日本では、このように異なる様式の墓誌が墳墓に納められたのか。

これには、それなりの要因があったものと推測される。しかし、現状では、その差異に注目するだけで、この要因に言及することなしに経過しているので、少し検討してみよう。

日本の古代社会では、弥生時代から優れた金属製品が導入され、また、古墳時代には、大陸から優れた金工技術をもつ渡来系氏族の工人らが訪れている。訪れた金工工人らは優れた金属製品を製作し、多くの古墳に副葬された。

大陸の中国では、殷代に文字が生み出され、周代以降は広範に漢字が使用されている。それだけに、古墳時代に訪れた渡来系氏族の金工工人らも多くは漢字の使用に堪能で、江《え》田《た》船山《ふなやま》古墳に副葬された銀象嵌銘《ぎんぞうがんめい》の鉄刀には、「書者張安也」と、渡来人名が刻まれている。また、日本で最初の本格的な伽藍を造営した飛鳥寺《あすかでら》は、「元興寺伽藍縁起幷流記資財帳《がんごうじがらんえんぎならびにるきしざいちょう》」に収録する塔露盤銘に、「書人は百加《びゃっか》博士、陽古博士なり」ともっぱら渡来人が漢文を記載している。また、法隆寺《ほうりゅうじ》金堂《こんどう》の金銅薬師如来像の光背銘、金銅釈迦如来像の光背銘なども、金工工人が銘文を刻んでいるように、仏教にかかわるものだけに、これらの仏像の銘文は、主として渡来系の金工工人によって刻まれたものと推測される。

一方、古墳時代には割竹形石棺《わりたけがたせっかん》・船形《ふながた》石棺・家形《いえがた》石棺など多くの石製の工作物が造られている。これらの石造物は、いずれも石工《いしく》工人《こうじん》が造ったものである。かれらは在来系の工人であり、この時期は石材に文字を刻むことがほとんどなく、文字の世界とは少なからず遠い部門の工人であった。その後の七・八世紀に、新たに隋唐にならって墓誌の制作を社会的に導入したとき、石工工人は墓誌の銘文を刻むことに精通していなかったと推測され

図68　譲皇帝哀冊
（陝西省考古研究所『唐李憲墓発掘報告』2005年）

る。そこで、石工工人に替わり、渡来系の金工工人が墓誌の制作にかかわるが、石材に文字を刻むことはできないので、金属板などに墓誌の銘文を刻んだものと考えられる。

中国皇帝が納めた哀冊

このように、隋唐で製作された石製墓誌と異なり、七・八世紀の日本では墓誌の制作は、漢字を読め、また書ける渡来系の金工工人が担当したものと推測する。換言すると、このような対応によって、日本でも墓誌を副葬する葬送儀礼が取り入れられたものと思われる。なお、唐では、時に皇帝一族らが墓誌に替わり、哀冊《あいさく》（図68）と呼ぶ短冊状をなす多くの玉板に哀悼文を刻んで副葬することもあった。日本では、この哀冊の形態をモデルとした短冊型のものが多く作られている。そして、これまでの墓誌に、一九七九年（昭和五四）に、新たに追加された太安万侶墓誌もまた、短冊型として埋納されていたのである。

第五章

みやこの建築物の瓦造り

1　初期寺院の瓦生産
――奈良県五條市の瓦窯跡――

飛鳥の奥山久米寺の瓦を焼いた窯跡

大和の南端部、吉野川の流域に奈良県五條市がある。ここの北西部の丘陵地では七世紀に瓦窯《がよう》が設けられ、瓦の生産が集中しておこなわれている。ここには、六世紀代に今井古窯が設けられ、大和では数少ない須恵器《すえき》生産がおこなわれたところであった。この今井古窯の東北二〇〇㍍に天神山古窯がある。ここで飛鳥の中心部に造営された奥山久米寺《おくやまくめでら》の瓦が生産された。

奥山久米寺は、飛鳥寺《あすかでら》の東北六〇〇㍍に建てられた七世紀前半の古代寺院である。この氏寺の堂塔に葺かれた瓦には、少し直線的で幾何学的な蓮弁を表現した角端点珠《かくたんてんしゅ》型式と呼ばれる軒丸瓦《のきまるがわら》の瓦当文《がとうもん》が創出されている。これと同一形式の軒瓦を葺いた氏寺の造営氏族は、平隆《へいりゅうじ》寺跡《あと》・中宮寺《ちゅうぐうじ》跡など上宮王家と深いつながりをもつ氏寺に葺かれているものが多いので、著者は蘇我馬子《そがのうまこ》の弟とされる境部臣摩理勢《さかいべのおみまりせ》が建立した寺院に推測したことがある（小笠原二〇〇五）。

ところで、初期の古代寺院に葺かれた瓦の生産として、金堂・塔・講堂などが造営されるつど、生産組織を編成するのは少なからず困難である。そのため、須恵器生産地に造瓦組織を編成し、瓦と須恵器を兼業しながら生産している。飛鳥に建立した奥山久米寺も、ほぼ同様な方法によって五條市内で瓦生産をおこなっている。

川原寺の瓦を焼いた窯跡

この五條市では、奥山久米寺の瓦生産に続く時期のものに、荒坂《あらさか》瓦窯跡が見つかっている（図69）。この瓦窯群は、荒坂峠から少し東の荒坂川付近に七基、その西に二基が知られている。これらの瓦窯群は、一九三三年（昭和八）、岸熊吉氏によって四基が発掘され、いずれもトンネル状に掘り込み、階段をもつ窖窯《あながま》であることが判明している。そして、これらの瓦窯群は、七世紀後半に天智《てんじ》天皇が発願《ほつがん》し、天武《てんむ》天皇が完成させた飛鳥の川原寺《かわはらでら》の瓦を生産した国家的な官営工房の瓦窯群である。ここでも、瓦と須恵器をともに生産した瓦陶兼業窯として操業されている。

この川原寺の軒丸瓦は、大きな中房に蓮子を二重にめぐらし、複弁の蓮弁を配し、その外区に面違《めんたがい》鋸歯文《きょしもん》をつけている。発掘された一号窯は、全長八・一五メートル、幅一・四三メートル、

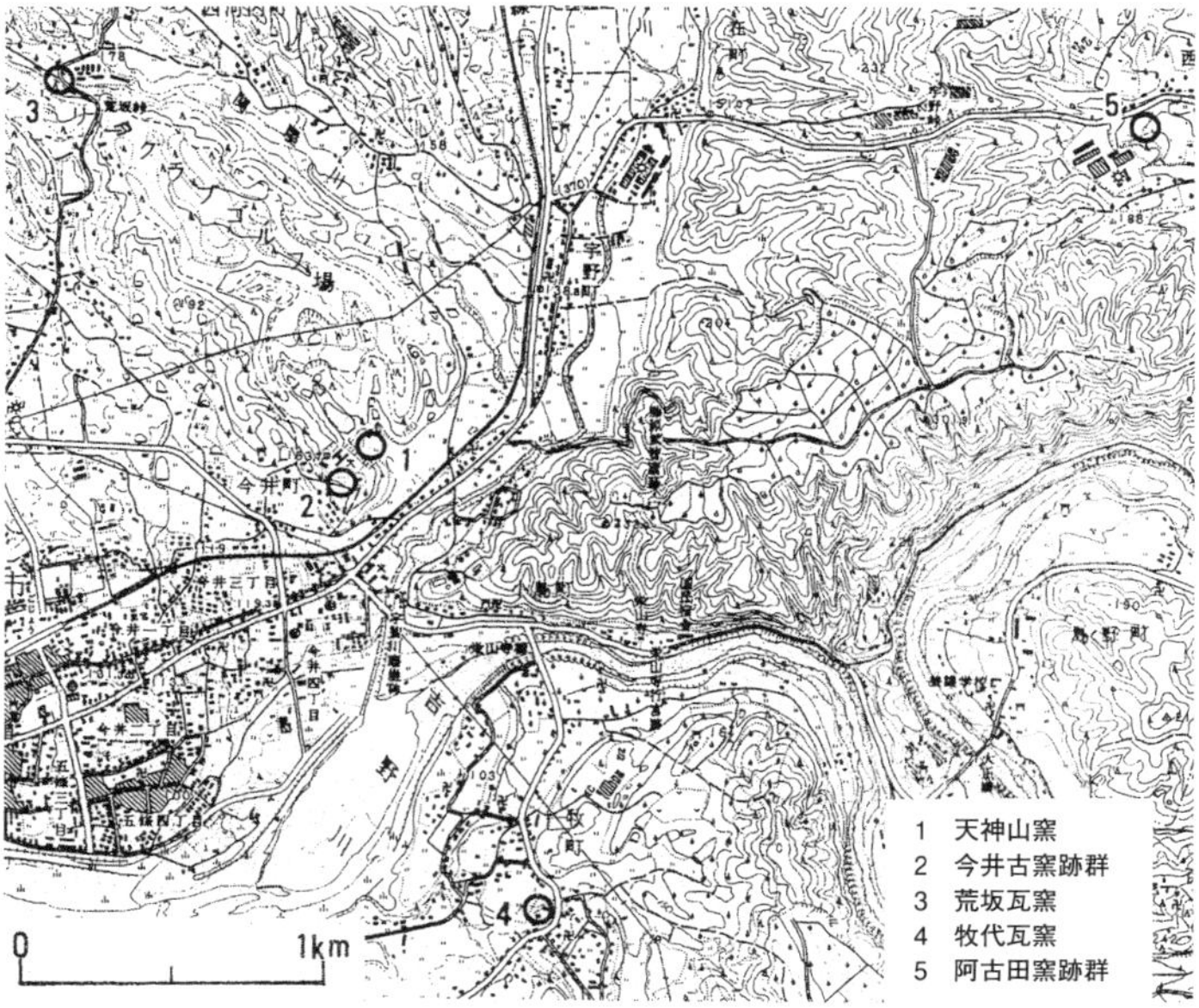

図69　五條市の瓦窯跡

一〇段の階段をもつ窖窯である。あいついで堂塔が造営された川原寺の大伽藍に葺かれた瓦は、いずれも荒坂瓦窯で焼成されている。

本薬師寺の瓦を焼いた窯跡

ついで、五條市では本薬師寺《もとやくしじ》の瓦が牧町にある牧代《まきだい》瓦窯で生産されている。牧代瓦窯は、吉野川の左岸に設けられており、栄山寺《えいさんじ》の南一キロ付近にある。小河川の東谷川によって開削された谷の北辺に多数の瓦窯が造られ、昭和初期の調査で、窖窯の存在が確認されている。また、一九七八年（昭和五三）、県道五條―平原線の拡張工事にともなって八基が確認されている。その一基は平窯で、窯体は全長三・三九メートル、地山を掘り下げて造られ、焼成室の床面に粘土と丸瓦を一ないし二本を積み上げて火を通すロストル九本を設けたものであった。焼成室内の壁面はスサ入りの粘土が塗られ、一部に補修した痕跡を残している。この瓦窯は焚口、燃焼部から一段高く段をなして焼成部の平坦な床を形成している。この瓦窯跡から採集された軒瓦には、単弁八弁蓮華文、偏行唐草文《へんこうからくさもん》、本薬師寺の変形忍冬唐草文《へんけいにんどう》などがあり、本薬師寺以外の軒瓦も採集されている。

この牧代瓦窯は、荒坂瓦窯から南三キロの地にある。ここからは、川原寺跡から出土する凸面布目瓦も出土しているので、川原寺の瓦生産がおこなわれている段階に、本薬師寺の瓦を生産する官営工房として新たに瓦窯が設けられたものと推測されている。

このように、本薬師寺の造営に際し、新たに牧代瓦窯が設けられたのは、荒坂瓦窯の周辺では燃料となる雑木を広範囲に伐採し、本薬師寺の瓦を続いて焼くことが困難な状態になっていたためと推測される。そこで、少し南に離れた吉野川左岸に、新たに本薬師寺の瓦生産をおこなう瓦窯を設け、大規模に瓦を量産する体制がとられたものと考えられる。

宇智郡北部と蘇我氏

さて、古代の五條市域は、飛鳥の南にあたる宇智郡《うちぐん》にふくまれる地域である。古代には飛鳥から紀伊国に赴くには、曽我川沿いの巨勢《こせ》に入り、さらに宇智郡の北部を経過していた。

『万葉集《まんようしゅう》』の笠金村《かさのかなむら》の歌に、

（上略）天飛ぶ　軽の路より　玉襷　畝傍を見つつ　麻裳よし
紀路に入り立ち　真土山　越ゆらる　君は（下略）
（巻四―五四三）

と詠まれている。

この真土山は、『大和志《やまとし》』によると、現在の五條市畑《はたけ》田《だ》町・表野《ひようの》町あたりの坂道を呼んだものとされている。古代には、真土峠を越えて紀伊に入っていたのである。

さて、前述したように、宇智郡北部に設けられた須恵器窯の天神山窯で蘇我傍系氏族の氏寺である奥山久米寺の瓦をここで焼成し、生産したのは、新たに設ける造瓦組織に、今井古窯群にかかわる須恵器工人を導入できることによるものと推測される。その後、ここには、川原寺の瓦を焼いた荒坂瓦窯が設けられている。この荒坂瓦窯は天智が斉明《さいめい》天皇を弔うために造営を開始し、壬申《じんしん》の乱後に天武がさらに造営を継続した国家的な川原寺の造瓦工房であった。

この宇智郡北部には、蘇我傍系氏族の境部臣摩理勢の領地の一部があったものと推測される。しかし、推古《すいこ》天皇の没後、皇位の継承問題で摩理勢が山背大兄王《やましろのおおえのおう》を推し続けたので、蝦夷《えみし》によって倒されている。そのため、ここは蘇我本宗家の領地になったものと思われる。しかし、乙巳《いっし》の変（皇極五年＝六四五）で蘇我本宗家の入鹿《いるか》・蝦夷が倒されたので、その結果、国家による没収地になったものと考えられる。そこで、川原寺に葺く瓦を生産する国家的な瓦窯が、この地に新たに設けられることになったものと推測される。

瓦造りと燃料調達

瓦の生産には、じつに多量の燃料となる雑木を必要とした。荒坂瓦窯では八基以上の瓦窯が見つかっているので、これらの瓦窯の操業にともない、瓦窯の周辺の山地で大量の雑木を伐採したものと推測される。

そして、川原寺の造営が終わりに近いころ、皇后の鸕野《うのの》皇女が重病になったことから天武によって新たに本薬師寺が造営されることになり、本薬師寺の堂塔に葺く大量の瓦類を生産することが必要になったのである。しかし、荒坂瓦窯の周辺では、さらに雑木の燃料を調達することは難しい状態になっていたものと思われる。

そこで、新たに大量の燃料を供給しうる地に官宮の造瓦工房の瓦窯群を設けるため、吉野川の左岸に牧代瓦窯を設けたものと推測されるのである。この牧代瓦窯は、これまで採集された軒瓦類からみると、本薬師寺に葺く瓦が大量に生産されただけでなく、その終わりごろには、藤原宮の所用瓦も一部焼成している。

この牧代瓦窯跡から出土した軒瓦類に対する山崎信二氏の研究によると、ここで採集されている軒平瓦の瓦当文様の変形忍冬唐草文には、藤原宮所用瓦である讃岐東部から出土するもの、讃岐西部の宗吉《むねよし》瓦窯から出土するもの、さらに和泉産のものとよく類似するものがある。このことは、これらの牧代瓦窯の忍冬唐草文の軒平瓦文様を祖型にして新たに瓦当笵《はん》を製作し、牧代瓦窯の造瓦工人らが、それぞれの地に派遣され、藤原宮の所要瓦を生産したものと推測されている（山崎一九九五）。

経路を変えた瓦の運送

五條市に設けられた瓦窯で生産された瓦は、いずれも、陸路で重阪峠《へいさか》を越え、曽我川の上流で舟積みし、飛鳥の近くまで漕運したものと考えられる。しかし、本薬師寺の瓦を焼成していたとき、ときには曽我川の水量が乏しいなどの要因から吉野川の河岸から吉野川を下り、ついで紀ノ川の川口から、海路によって大阪湾へ漕運し、さらに難波津から大和川へ進み、そして藤原宮の最寄りの河川である飛鳥川もしくは寺川を遡上して運ぶこともあったのではないかと推測される。

このような吉野川流域に設けた牧代瓦窯で焼成した瓦を、たまたま海路で漕運した経験が、つぎに述べる藤原宮の殿舎に瓦葺きする際に、讃岐・淡路・和泉・近江など、大和以外の地域で藤原宮の所用瓦を生産する造瓦工房を設置する契機になったのではないかと思われるのである。

2　藤原宮の造営と瓦生産

大量の瓦を必要とした藤原宮

七世紀末に造営された藤原宮・京は、それまでの宮都とは異なり、唐長安城・唐洛陽城と同じく、王宮の藤原宮の周囲に、初めて役人らが居住する条坊を設けた宮都であった。しかも藤原宮は、外郭をめぐる大垣や宮城門、また内部の大極殿院《だいごくでんいん》・朝堂院《ちょうどういん》・官衙《かんが》などの殿舎に初めて瓦葺きした王宮であった。

それだけに、これらの外郭の大垣・大極殿院・朝堂院など多くの施設や殿舎に瓦葺きするために、一寺院の伽藍の堂塔に葺く数百倍の膨大な量の瓦類を造営時に焼いて葺くことが必要となった。そこで、この膨大な瓦類を、藤原宮の造営時に、どのような体制によって短期間に生産し、葺いたかが問題になる。

瓦の供給地

この藤原宮跡は、一九六九年（昭和四四）から奈文研によって継続的に発掘され、じつに大量の瓦が出土しており、瓦類に対する研究も著しく進展している。その研究成果によると、藤原宮に葺かれた瓦類は、大和盆地外に設けた瓦窯《がよう》で焼成《しょうせい》して運んだものと、大和盆地内に設けた瓦窯で焼成したものがあることが明らかになっている。

まず、藤原宮の造営の初期には、奈良県五條市の牧代《まきだい》瓦窯跡と藤原宮の朱雀門の少し南にあたる日高山《ひだかやま》瓦窯で一部焼成しているが、その大半は大和盆地外に設けた瓦窯で焼成した瓦類を、藤原宮の大垣と宮城門に葺いたことが知られている。大和盆地外に設けられた瓦窯によるものは、和泉産のもの、近江の石山国分《いしやまこくぶ》瓦窯跡、淡路土生寺《はぶでら》瓦窯跡、讃岐宗吉《むねよし》瓦窯跡、讃岐東部産のものがある。

大和盆地外での瓦生産

これらのうち、牧代瓦窯は本薬師寺の瓦窯である。ここでも藤原宮に葺く瓦が一部焼かれており、しかも、それまで牧代瓦窯で瓦の生産に関わってきた造瓦工人が、大和盆地外のそれぞれの地に派遣され、藤原宮へ供給する造瓦組織を設けたと考えられている。

その一つが和泉産のものである。和泉産のものは、大阪府堺市浜寺石津町東遺跡から、藤原宮の軒平瓦の一つと同じ笵による軒丸瓦六二七四a、軒平瓦六六四七A・Bが出土している。これらは、その近くに所在する大規模な須恵器《すえき》生産地である陶邑《すえむら》古窯址群の一部で焼成され、運ばれたものと推測されている。

また近江の大津市石山国分瓦窯は、二〇一二年（平成二四）に、瀬田《せた》唐橋《からはし》の西五〇〇㍍の石山国分台地東端部の南斜面で発掘された瓦窯である。ここでは二基の瓦窯が並んで検出されており、軒丸瓦六二七八A・D、軒平瓦六六四六Aが瀬田川・宇治川によって漕運され、藤原宮へ供給されている。

また、讃岐の宗吉瓦窯は、香川県三豊《みとよ》市三野《みの》町の低丘陵の裾部に設けられたものである。この瓦窯は一九九一年に見つかったもので、その後の発掘で二三基に及ぶ多くの瓦窯跡が検出されている（図70）。ここからは藤原宮へ、軒丸瓦六二七八B、軒平瓦六六四七Dを供給したことが明らかになっている。この宗吉瓦窯跡は、かつては三野津湾に面した丘陵地で、付近に複数の須恵器窯跡があり、そうした地域に新たに設けられた瓦窯である。ここで焼成した大量の瓦類は、いずれも船で難波津に漕運されたものと推測される。

さらに、讃岐東部産のものは、香川県長尾町願興寺《がんこうじ》跡から、藤原宮の軒平瓦一種が出土しているものである。この讃岐東部の瓦窯で焼かれたものも、海路で漕運し、難波津へ運んだものと推測されている。また、兵庫県洲本市にある土生寺瓦窯から、軒丸瓦六二七四

B、軒平瓦六六四六E・Fが採集されている。
以上のような大和盆地外に設けられた瓦窯で焼成された藤原宮所用瓦は、いずれも平瓦・丸瓦を製作する際には、粘土板技法を使用している。この粘土板技法は、六世紀末に飛鳥《あすか》寺《でら》の造営に際し、百済《くだら》の造瓦工人から伝習したものである。この制作技法は、古代では最も基本的な造瓦技法であった。また、大和盆地外の瓦窯で製作した軒平瓦は近江以外ではいずれも変形忍冬唐草《にんどうからくさ》文《もん》をつけている。

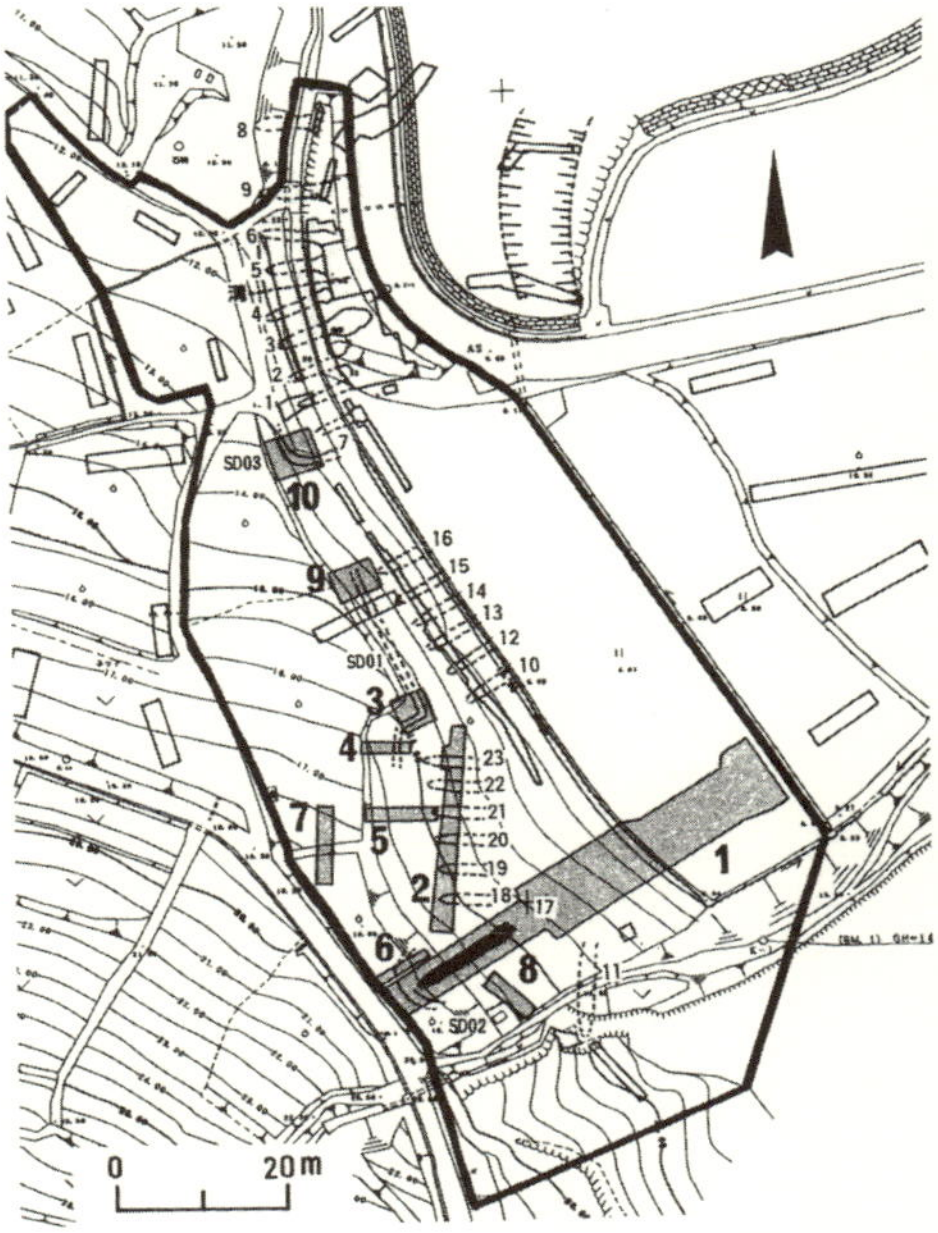

図70　香川県宗吉瓦窯跡の瓦窯配置
(三野町教育委員会『宗吉瓦窯』2000年)

大和盆地内での瓦生産

一方、大和盆地内に設けた藤原宮の所用瓦を焼成した瓦窯は、これまで橿原市の日高山瓦窯、高取町の高《こう》台《だい》・峰寺《みねでら》瓦窯、橿原市の久米寺瓦窯、大和郡山市の西《にし》田中《たなか》・内山《うちやま》瓦窯、平群《へぐり》町の安養寺《あんようじ》瓦窯などが知られている（図71）。まず日高山瓦窯は、藤原宮の朱雀門の少し南に位置する低丘陵に設けられたもので、窖窯二基と最新式の平窯七基が検出されている。ここでは軒丸瓦六二三三Ａａなど六種、軒平瓦六六四三Ａａを焼成している。

また、高台・峰寺瓦窯は、高取町の市尾の丘陵に設けられたものである。これまで採集と発掘で出土した軒丸瓦六二三三Ｂなど一〇種、軒平瓦六六四一Ｅなど五種が知られている。他の藤原宮を焼く瓦窯を設けた地からくらべて、藤原宮に近い位置にある。焼成された瓦類は、近くを流れる曽我川と飛鳥川によって運んだものと推測される。

久米瓦窯は、久米寺跡に付属する瓦窯で、氏寺に所属する瓦窯ながら、例外的に藤原宮に瓦類を供給している。その例外的に供給した要因を明らかにする必要があるだろう。

西田中・内山瓦窯は、大和郡山市の西田中の低丘陵に設けられている。西田中瓦窯（図72）では瓦窯七基が検出され、それに隣接する西田中遺跡から長大な掘立柱の大型建物五棟と粘土採掘坑などが検出されている。大型建物は、桁行一四間、梁行四間の庇をもつものなど、長大な建物をＬ字状に整然と配していた。これらは、主に製作された生瓦を乾燥させた建物と推測される。ここでは軒丸瓦六二八一Ｂ、軒平瓦六六四一Ｆのみが出土している。また近くの内山瓦窯では四基の瓦窯が検出されている。焼成された瓦類は、すぐ東を流れる富雄川から飛鳥川を経て運ばれたものと推測される。

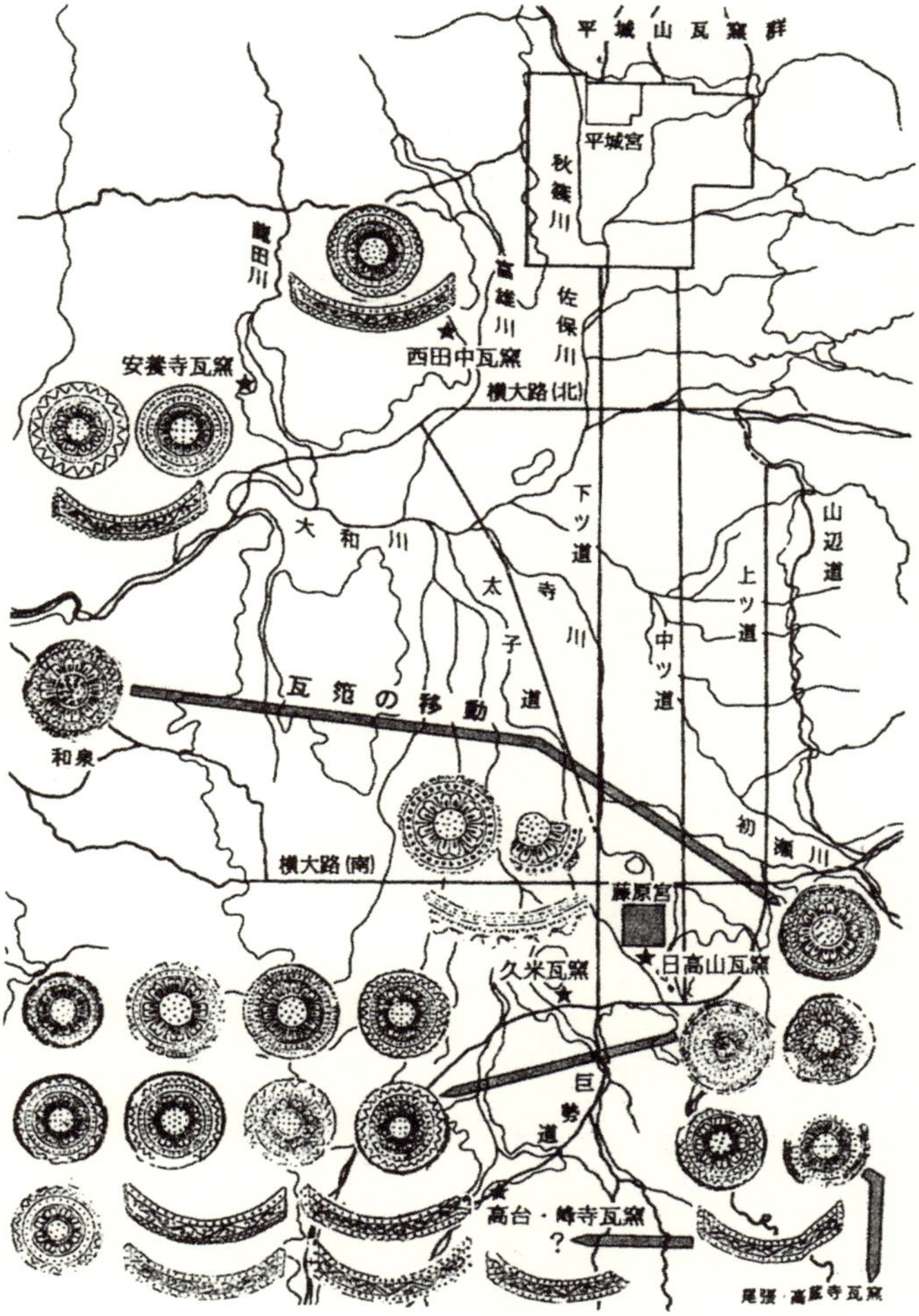

図 71　大和盆地の藤原宮瓦窯と軒瓦
(花谷浩「寺の瓦作りと宮の瓦作り」『考古学研究』40 巻 2 号、1993 年)

図72　大和郡山市の西田中瓦窯

さらに安養寺瓦窯は、平群町に設けられたものである。軒丸瓦六二七五D・六二八一Ａａなど四種、軒平瓦六六四一Ｆが焼成されている。瓦窯のすぐ東を竜田川が流れており、この河川で運ぶことを前提に設けられたものと推測される。

以上のように、大和盆地では、藤原宮のすぐ南の日高山と、曽我川・富雄《とみお》川・竜田川の流域に瓦窯をもうけて瓦生産をおこなっている。これらのうち、藤原宮のすぐ南に設けられた日高山瓦窯は、藤原宮造営の早い時期に設けられ、宮の大垣に葺く瓦を焼成したが、軒瓦の瓦当文様からみて、その後は、高台・峰寺瓦窯に移動したものと考えられている。

また、曽我川流域の高台・峰寺瓦窯は、他に比して藤原宮に近く、ここが造瓦部門の中心となった官営工房であったと推測される。この曽我川流域に瓦窯を設けたのは、それ以前に、国家的寺院の川原寺《かわはらでら》・本薬師寺《もとやくしじ》の瓦を、五條市域で焼き、曽我川で運んだ経緯によるものと思われる。

大和盆地で生産された瓦の技法

大和盆地の瓦窯で生産した瓦は、西田中・内山瓦窯のみは、粘土板技法と粘土紐技法の双方を採用しているが、他は粘土紐技法のみで作成している。この粘土紐技法は、回転台の上においた逆鉢形の模骨の周囲に、土器を作るのと同じく細い粘土紐を積み上げて成形し、叩板で外面を叩いて粘土紐の継ぎ目を消して製作している。この瓦の製作技法は、それまでにない新しい技法の採用であった。

また、軒瓦につけた瓦当文様からみると、いずれも軒平瓦に偏行《へんこう》唐草文を施文している。この偏行唐草文は、大和盆地外で採用した変形忍冬唐草文よりも新しい様式の文様である。この文様からみても、遅れて大和盆地で瓦を生産したことがわかる。

瓦窯の形態

さらに瓦窯の形態をみると、大和盆地外、大和盆地とも、大半は須恵器と同じく窖窯で焼成している。しかし、藤原宮の前に設けた日瓦高山窯のみは、唐で使用されていた最新式の平窯で瓦を焼成している。このような平窯は、傾斜する床面の窖窯《あながま》の形態と異なり、平坦な床面に瓦をつめて焼く瓦窯である。この平窯は、生瓦の窯詰め、焼成された瓦類の取出しに容易な形態のものであった。しかし、窯の構造からみると、窖窯のように高い温度で焼成するのは少なからず困難であったと考えられ、試験的に使用されたものではないかと推測される。

瓦生産の体制

さて、初めて藤原宮の外郭施設の大垣と宮城門、宮内の諸殿舎に瓦葺きするための瓦類の生産体制は、前述したように、大和盆地外と大和盆地にわかれている。しかも、藤原宮の造営を開始した早い段階には、大和盆地外で生産し、河川や海路によって瓦類を運んでいる。しかも、これらの瓦類の生産地は、いずれもその周辺に須恵器生産地があり、そこから須恵器工人を集めることによって瓦類を生産しうる地であった。それだけに、これらの須恵器生産地で生産した瓦類は、それまで工人らがよくなれている粘土塊から粘土板を切る粘土板技法で製作している。

藤原宮に葺かれた変形忍冬唐草文を詳細に研究した山崎信二氏によると、これらの大和盆地外に設けた藤原宮所用瓦を焼成した瓦窯は、いずれも牧代瓦窯の造瓦工人の一部が派遣されたものと推測されている（山崎一九九五）。

その後は大和盆地でも、瓦類を生産する体制が整えられている。これには、まず藤原宮の南端部に日高山瓦窯を設け、さらに曽我川流域の高取町に高台・峰寺瓦窯、富雄川流域の大和郡山市に西田中・内山瓦窯、竜田川流域の平群町に安養寺瓦窯を設けて瓦生産をおこなっている。これらの各地域は、いずれも須恵器生産地ではないので、それまで瓦類の製作技法に採用していない粘土紐技法を新たに採用し、須恵器工人の導入にこだわらない造瓦工人の組織を編成したことが明らかにされている（花谷一九九三）。

これらの大和盆地で生産された軒平瓦は、いずれも大和盆地外の忍冬唐草文・変形忍冬唐草文とは異なり、新たに偏行唐草文の瓦当文様をつけたものが製作されている。また、大和盆地に設けられた造瓦部門では、藤原宮に最も近い位置にある高台・峰寺瓦窯が中心的な役割をはたしたものと推測される。その構築が遅れた大極殿に葺かれた軒丸瓦六二七九Ａｂは、いずれも高台・峰寺瓦窯で焼いたものである。

計画的な瓦生産

藤原宮に葺く瓦類の生産に際し、前半は大和盆地外で、後半は大和盆地でおこなうことに変更したのは、古代寺院の数百倍におよぶ膨大な瓦類を生産するために計画した生産方法だったと思われる。しかし、奈良時代の後半に、近江で造東大寺司による石山寺《いしやまでら》の大増改築の造営からみると、遠隔地での大量の瓦生産では、派遣した造瓦工人の領《うながし》、事務・経理・労務管理を担当した別当らがじつに激務だったと推測される。また海路による瓦類の漕運にも少なからず困難さがともなったものだったと思われる。

そこで、藤原宮の造営の後半では、大和盆地で生産することに変更したものと思われる。奈良盆地での生産でも、複数個所に瓦窯を設けての瓦生産は、藤原宮に最も近い高取町の高台・峰寺瓦窯での生産に造瓦組織を収斂したものと考えられている。

このような藤原宮での瓦生産の経験から、これに続く平城宮・京への遷都では、つぎに述べるように瓦類の生産を、平城京の北に東西に長くのびる広大な奈良山丘陵一帯のみでおこなう生産体制を採用している。

3　平城宮の造営と瓦生産

平城宮の瓦を焼いた窯跡

藤原宮・京から遷都した平城宮・京は、大和の北端部へ遷した都であった。平城宮は、唐長安城の宮城・皇城とおなじく平城京の北端に配され、その北側一帯には奈良山丘陵が広がっていた。この奈良山丘陵は、東西四・四キロ、南北二・六キロと東西に長く広がりをもっている。平城宮の外郭にめぐらせた大垣・宮城門、また宮域内に設けられた大極殿院《だいごくでんいん》・朝堂院《ちょうどういん》、さらに諸官衙《かんが》などの多くの殿舎に葺いた瓦類は、その軒瓦《のきがわら》の瓦当《がとう》文様と瓦類の製作技法からみると、その一部は藤原宮から運んでいるが、大半は奈良山丘陵一帯に設けた瓦窯《がよう》で焼成《しょうせい》して葺いている。

平城宮の瓦類を生産するために奈良山丘陵に設けられた瓦窯は、これまで中山《なかやま》瓦窯、押熊《おしくま》瓦窯、山陵《みささぎ》瓦窯、歌姫西《うたひめにし》瓦窯、音如ケ谷《おんじょがたに》瓦窯、歌姫瓦窯、市坂《いちさか》瓦窯などが知られている（図73）。

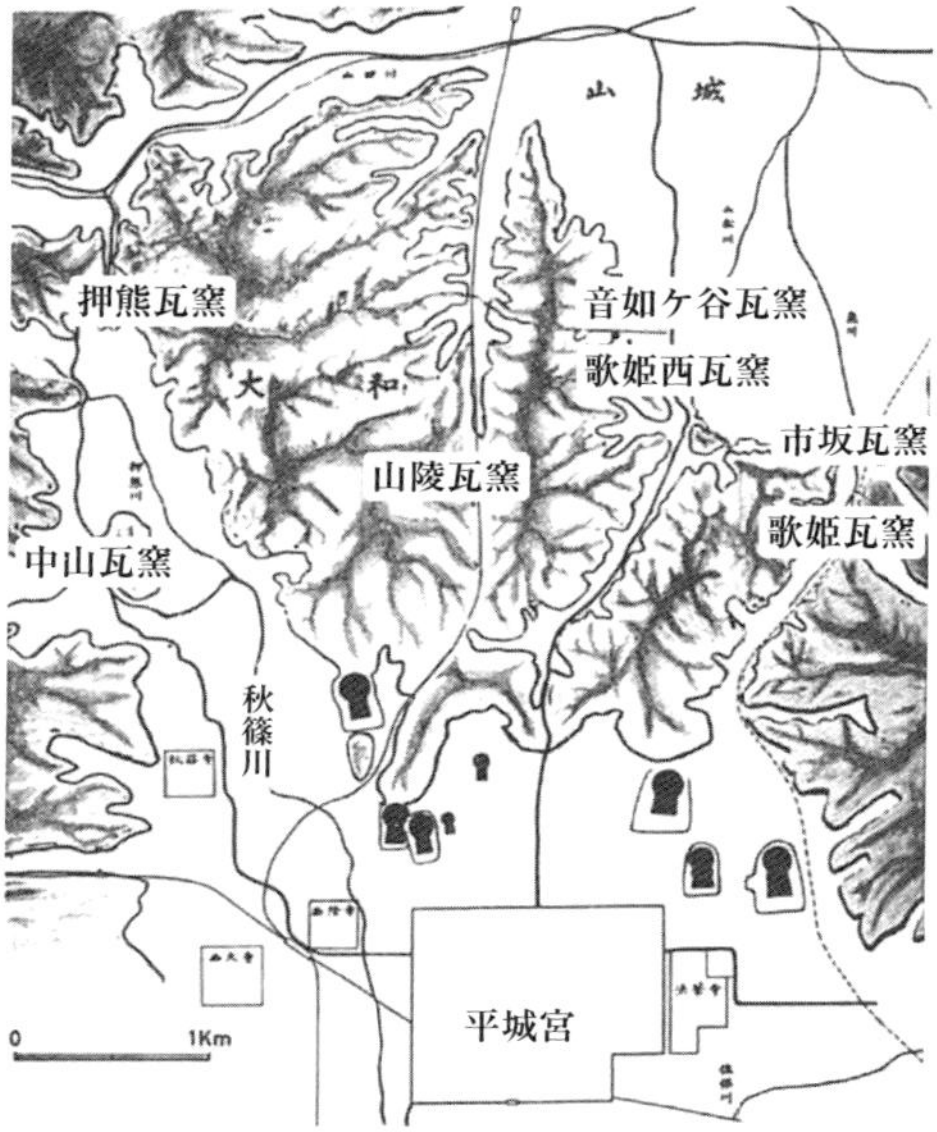

図73　平城宮と瓦窯の分布
（『奈良国立文化財研究所年報　1973』1974年を一部改変）

造宮省の大工房・中山瓦窯の生産

平城宮の造営が開始されると、まず平城宮の西北部、奈良山丘陵の西端付近にあたる奈良市中山町に中山瓦窯を設けて大量の瓦を焼成している。

この中山瓦窯は、平城宮の西を南北に流れる秋篠川上流の北岸にある。この瓦窯は、北から南へ緩く下がる小尾根に設けられており、一九七二年（昭和四七）、この丘陵地の南端部の西斜面から四基、南斜面で六基の瓦窯が並んで検出されている（図74）。これらのうち、4―A号窯は、傾斜する窯の床面に階段を設けた窖窯《あながま》（登窯）、4―B号は4―A号を廃棄後に設けた階段のない窖窯であった。これらの瓦窯からは奈良時代前半の六二二五型式など多くの軒丸瓦が出土している。

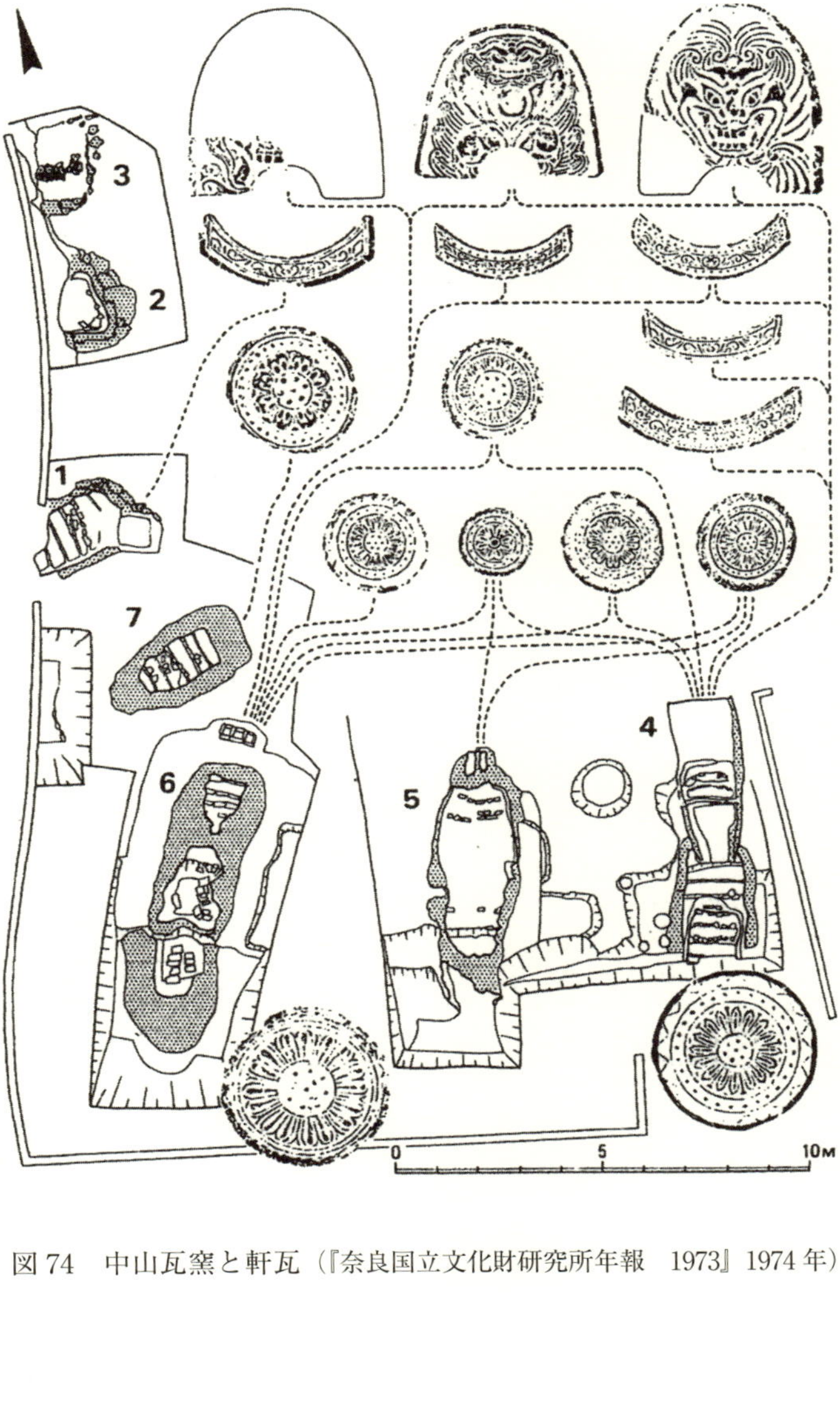

図 74　中山瓦窯と軒瓦（『奈良国立文化財研究所年報　1973』1974 年）

また、その5号窯は階段のない窖窯で、全長六・一メートル、幅一・二メートルのものであった。これは窯より一回り大きく掘削し、日干し煉瓦を積んで窯壁を築いたものであった。煙を出す煙道《えんどう》は長方形に二つの孔を左右に並べて設けていた。さらに6―A号も階段をもつ窖窯で、これを廃絶した後に造った6―B号は、全長五・六メートルの平坦な床面をもつ平窯に造り替えていた。そして焼成部の奥端に三列の孔をなす煙道が設けられている。

以上のように中山瓦窯からは、緩く傾斜する床面をなす窖窯と一部のみ遅れて平坦な床面をなす平窯が設けられていた。また、これらの軒瓦からみると、1号窯、4―A号窯、6―A号、7号が古く造られ、ついで4―B号、6―Bが設けられ、2号・3号は最も遅れたものと推測されている。

そして、これらの瓦窯から出土した軒瓦をみると、平城宮の造営当初に遡る軒丸瓦六二八四型式、軒平瓦六六六四型式を焼き、また神亀年間に焼かれた軒丸瓦六二二五型式、六三一一型式などもあり、平城宮の造営が開始したごく初期から奈良時代前半にかけ、瓦窯を修復したり、新たに瓦窯を設置しながら瓦を焼き続けたことが判明している。まさに、中山瓦窯は、平城宮の造営の開始した直後から、膨大な瓦を焼いた造宮省の造瓦工房であった。

平城宮に先立つ藤原宮の瓦を焼いた大和盆地に設けた瓦窯は、いずれも漕運しやすい河川のそばに立地したように、平城宮でも、秋篠川の上流に中山瓦窯がある。しかも、奈良山丘陵に設けたほかの瓦窯に比べ、じつに長期間にわたって瓦類を焼き続けたのも、平城宮へ容易に漕運できたためと思われる。この中山瓦窯を設けた地は、西大寺所蔵の「京北班田図」に「瓦屋田」と記されている位置と一致する。平城宮への遷都時には、ここに最初の造瓦工房を設け、長期間にわたって大量の瓦が焼かれている。

歌姫西瓦窯の生産

中山瓦窯のつぎに平城宮の瓦類を焼成する瓦窯を設けたのは、平城宮の北三㌔、奈良山丘陵の北端部に設けられた歌姫西瓦窯である。この瓦窯は、平城宮から奈良山丘陵を抜け、山背へでる古道の一つが丘陵を北に出たところの少し西にある瓦窯である。一九七二年に発掘されたもので、登窯一基と平窯四基が検出されている。

この歌姫西瓦窯のうち、4号窯は平窯で、燃焼室と一段床面が高い焼成室からなっていた。しかも、燃焼室との境の中央に幅〇・七㍍ほどの分焔柱《ぶんえんちゅう》を設けていた。これで燃焼室から火炎を二手に分け、焼成室に均等に火炎が広がるようになり、熱効率を高めている。この歌姫西瓦窯で焼いた瓦類は、付近に河川がないので、仕丁《しちょう》らが平城宮へ車で運んだものと推測される。

つぎつぎに作られる瓦窯

ついで西の山陵瓦窯と押熊瓦窯に移動して瓦類を焼いている。山陵瓦窯は、平城宮の北二・三キロ、山陵の小丘陵地に設けた瓦窯で、近鉄高の原駅の西側に設けた瓦窯である。現在の西大寺《さいだいじ》の地域から、奈良山丘陵の谷間を抜け、泉津へ通ずる古道があり、そこに設置されていた。この山陵瓦窯は一九七〇年に発掘したもので、著者もここの瓦窯跡の発掘にかかわり、窖窯一基と平窯二基を検出した。

また一方の押熊瓦窯は、中山瓦窯の北一・三キロ、平城宮からは四キロ隔てた地に設けられた瓦窯である。一九七二年に発掘され、窖窯一基、平窯五基が検出されており、平窯を主体とした瓦窯である。押熊瓦窯の平窯も、燃焼部と焼成部の境に分焔柱を設けた構造のものである。

その後、歌姫西瓦窯の北三〇〇メートルに、音如ケ谷瓦窯も設置されている。この音如ケ谷瓦窯は、奈良山丘陵の北東の裾部、木津川市相楽台にあり、古く一九五三年に、京都大学の梅原末治氏が平窯一基を発掘している。さらに、一九七三年に一基、一九七九年にも三基の平窯が追加して検出されている（図75）。以上の瓦窯のうち、梅原氏が発掘した一号の平窯が最もよく遺存し、燃焼室と焼成室からなり、燃焼室の奥に分焔孔をあけた隔壁を設け、焼成室の床面に平瓦を積んだロストル（分焔牀《ぶんえんしょう》）八条を配したものであった。

この音如ケ谷瓦窯は、焼成した軒瓦から、A・B二時期にわたって操業され、三号・四号はA期、一号・二号はB期のものである。そして、A期は天平宝字年間のもので、焼成した軒瓦と『正倉院文書《しょうそういんもんじょ》』所収の『造金堂所解案』によって、法華寺の金堂を造営した際に設けた瓦窯であることも明らかになっている。この史料によると、平窯二基を、延べ七九人で造り、一人一四文で、「一貫百文」を支払っている。

さらに、奈良時代の後半には、奈良山丘陵の東側の奈良市歌姫町に歌姫瓦窯、木津川市州見《くにみ》台《だい》に市坂瓦窯を設けている。これらの瓦窯は、五世紀に築造されたウワナベ古墳の東を通り、山背に抜ける古道があり、この古道の付近に設置した瓦窯である。

図75　音如ケ谷2号瓦窯跡
（奈良県教育委員会『奈良山Ⅲ』1979年）

これらのうち、歌姫瓦窯は古道の西側に設けたもので、一九五三年に六基の平窯が発掘されている。その一基は全長四・二メートルの平窯で、燃焼室より〇・五メートル高い焼成室との間に七孔の分焔孔をあけた隔壁があり、長さ一・一メートル、幅一・三メートルをなす焼成室の床面にロストルを設けたものであった。また古道の東方に設けられた市坂瓦窯は、隣接する上人ケ平遺跡とともに八基の平窯と造瓦工房として設けられた掘立柱建物四棟が検出されている。

瓦窯の立地

以上述べたように、平城宮に葺く瓦類を焼いた瓦窯として、平城宮の大造営が開始されるのと同時に、奈良山丘陵の西端附近に中山瓦窯が設けられている。ここは秋篠川の上流域で、藤原宮の瓦類を焼いた大和盆地の瓦窯と同様に、焼成した重い瓦類を平城宮の近くまで舟で漕運しやすい場所であった。そして、このような立地だっただけに、奈良時代の前半は、この中山瓦窯で長く瓦類を焼き続けている。

しかし、その後は瓦窯の周辺で燃料の雑木が入手し難くなったのではないかと推測される。そこで、平城宮の北にあたる奈良山丘陵を抜け泉津に通ずる間道が丘陵を北にでたところに、歌姫西瓦窯を設けている。しかし、再び奈良山丘陵の西に移動し、山陵瓦窯と押熊瓦窯を設置している。これらの山陵瓦窯、歌姫西瓦窯も、付近に河川がないので、焼成した瓦は平城宮へ車で運んだものと考えられる。ただし押熊瓦窯の場合は、瓦類を秋篠川上流の中山の地まで車で運び、その後は舟で漕運したものと推測される。

そして、奈良時代の後半には、奈良山丘陵の東側、ウワナベ古墳の東に山背に通ずる古道が通っていたので、この道の西側の谷間に歌姫瓦窯を、また東の丘陵地に市坂瓦窯を設けている。これらの瓦窯で焼いた瓦類も、河川がないので車送したものと推測される。

このように、平城宮に葺く瓦は、奈良山丘陵で河川の流域や古道沿いの地に瓦窯を設け、奈良時代の前半は丘陵の西半部、後半は丘陵の東半部で焼いて運んでいる。

窯の構造の変化

中山瓦窯に設けた瓦窯は、平窯も遅れて一部使用しているが、窖窯によって焼成している。しかし、これに続く歌姫西瓦窯・山陵瓦窯・押熊瓦窯では、窖窯も一部で設けているが、平窯を主体に瓦を焼いている。そして、奈良時代後半の歌姫瓦窯・市坂瓦窯では平窯のみで焼成しているように、初期の窖窯から平窯の利用に大きく変化している。

また、平窯の構造も、燃焼室と焼成室の間に分焔柱《ぶんえんちゅう》を設けないものから、分焔柱を設けるものに、さらに奈良時代の後半には、燃焼室と焼成室の境に分焔孔をあける隔壁を設け、さらに焼成室の床面にロストルを設けたものへと変化している。

このように、窖窯から平窯主体へ、さらに平窯のみに変化しているのは、平窯は生瓦を窯に詰めやすく、また焼成した瓦類を容易に取り出せる構造の特徴が高く評価されたものと推測される。しかも、この平窯も、燃焼室と焼成室の境に分焔柱を設けたものから、分焔孔をあける隔壁を設け、焼成室にロストルを配したものへと変え、焼成室に高い温度が均等に広がるように工夫・改良した過程をみることができる。

瓦生産の主体

さて、平城宮の瓦生産は、造営の当初は造宮省の造瓦部門が中心に担ったものと推測されるが、その後は『養老営繕令《ようろうえいぜんりょう》』や『延喜木工寮式《えんぎもくりょうしき》』からすると、木工寮が主体となり、官営の造瓦工房を編成して瓦類の生産を担ったものと考えられる。

また、奈良山丘陵に設けた各地点での瓦窯の造瓦工房では、いずれも複数の窯が同時に並行して操業している。そして、それらの瓦窯では、『正倉院文書』に収録する造東大寺司が担った瓦生産の体制からすると、造瓦を担当する責任者の領《うながし》と数人の造瓦工人によるチームを複数編成して操業していたものと思われる。

これらの造瓦工人のチームは、諸国から派遣された仕丁らの協力を得ながら、粘土を採掘、生瓦《なまがわら》を製作し、大和郡山市の西田中瓦窯で検出されたような長大な乾燥用の建物で生瓦を乾燥させ、さらに瓦窯の周辺で燃料の雑木を大量に伐採して瓦を焼成したものと考えられる。そして、焼成した大量の瓦は、仕丁らが中心となり、秋篠川を利用して舟で漕運、もしくは車で平城宮の造営部門へ運んだものと推測される。

あとがき

奈良時代は、大和の南部にあった藤原宮・京から北端部に平城宮・京を造営し、新たに律令社会の形成をめざした時代であった。七世紀に比べ、国家の版図も南九州の端から現在の宮城県北端部まで著しく拡大している。そして、元明《げんめい》天皇、元正《げんしょう》天皇に続いて聖武《しょうむ》天皇が治世した天平時代は、それまで唐から導入した諸制度や文物が豊かに活用され、社会は著しく発展をみている。しかし、九州から畿内へ天然痘の感染症が拡大したことによって、社会は一時的ながら打撃をうけることになった。その数年後、聖武は、にわかに恭仁宮・京、難波宮・京、さらに甲賀宮へと遷都を繰り返し、混乱した社会が展開している。

著者は、一九六六年から七一年までの六年間、平城宮跡と平城京跡の発掘にかかわったことがある。そのころは、聖武による恭仁《くに》宮・京から難波《なにわ》宮・京へ、さらに甲賀《こうか》宮への遷都は、「聖武による五年間の彷徨」と表現され、その実態はじつにわかりにくいものだった。しかし今日では、恭仁宮跡、甲賀宮跡の発掘が著しく進展しており、なお解明されたとはいえないまでも、遷都を繰り返した聖武の意図もかなり明らかになったといってよいであろう。

また長い間、平城宮の空間規模は一辺一〇〇〇㍍《メートル》で、正方形と理解されてきた王宮だった。しかし、一九六四年に古代の平城宮の東に接して設けられていた東一坊大路上に、国道二四号バイパスの建設が計画され、その事前の発掘調査によって、平城宮跡が東へ拡大していることが判明した。著者は、その拡大した平城宮跡の東限を確認する発掘にかかわったことがある。その結果、バイパスは東の東三坊大路に路線が変更となり、その東三坊大路の事前の発掘にも関与した。本書では、その際に検出された東三坊大路の東側溝から、はじめて古代の遺失物を捜索する一㍍《メートル》大の告知札《こくちふだ》が出土した状況を紹介した。

また本書では、平城京での興福寺・東大寺・法華寺など諸寺院の造営を取り上げている。とりわけ東大寺の盧舎那仏（大仏）の造立過程と、この金銅仏を造るのに必要とした銅と金の供給体制など諸課題にも言及したつもりである。

本書に掲載した各項目は、いずれも二〇〇七年に始まった奈良歴史遺産市民ネットワークでの歴史講座で述べたことを、『奈良民報』に連載し、一部のみ書き足した。

この講座では、長く浜田博生さんに、また現在は小宮みち江さんにお世話になっている。

浜田さんは二〇二三年に他界されたが、お二人に心からお礼を述べたい。

二〇二四年九月

小笠原好彦

引用・参考文献

阿部義平『日本古代都城制と城柵の研究』吉川弘文館　二〇一五年
池田善文『長登銅山跡―長門に眠る日本最古の古代銅山―』同成社　二〇一五年
近江俊秀『平城京の住宅事情―貴族はどこに住んだのか―』吉川弘文館　二〇一五年
小笠原好彦『日本古代寺院造営氏族の研究』東京堂出版　二〇〇五年
小笠原好彦『聖武天皇が造った都―難波宮・恭仁宮・紫香楽宮―』吉川弘文館　二〇一二年
小笠原好彦『古代近江の三都―大津宮・紫香楽宮（甲賀宮）・保良宮の謎を解く―』サンライズ出版　二〇二一年
小笠原好彦『古代宮都と地方官衙の造営』吉川弘文館　二〇二二年
小澤　毅「古代都市「藤原京」の成立」『日本古代宮都構造の研究』青木書店　二〇〇三年
元興寺文化財研究所編『菅原遺跡―令和二年度発掘調査報告書―』二〇二三年
岸　俊男「京域の想定と藤原京条坊制」『藤原宮』（奈良県史跡名勝天然記念物調査報告　第二五冊）奈良県教育委員会　一九六九年
久野雄一郎「東大寺大仏の銅原料についての考察」『考古学論攷』一四、一九九〇年

黒田洋子「正倉院文書の一研究—天平宝字年間の表裏関係から見た伝来の契機—」『お茶の水史学』三六　一九九二年
栄原永遠男『万葉歌木簡を追う』和泉書院　二〇一一年
佐々木茂楨「大仏造立と陸奥守百済王敬福」『国史談話会雑誌』第五六号　二〇一五年
佐藤　信「律令財政と諸国」『木簡が語る古代史　下　—国家の支配としくみ—』吉川弘文館　二〇〇一年
佐藤　信『日本古代の宮都と木簡』吉川弘文館　一九九七年
滋賀県教育委員会事務局文化財保護課ほか編『鍛治屋敷遺跡』二〇〇六年
清水みき「告知札—その機能と変遷—」『考古学ジャーナル』三三九　一九九一年
高橋美久二『古代交通の考古地理』大明堂　一九九五年
角田文衛「紀寺の奴—奈良時代における私奴婢の解放の問題—」『律令国家の展開』塙書房　一九六五年
鶴見泰寿「告知札」『文字と古代日本4—神仏と文字—』吉川弘文館　二〇〇五年
直木孝次郎「百済滅亡後の国際関係—とくに郭務悰の来日をめぐって—」『日本古代の氏族と国家』吉川弘文館　二〇〇五年
仁藤敦史『藤原仲麻呂—古代王権を動かした異能の政治家—』中央公論新社　二〇二一年
野村忠夫「太朝臣安万侶を中心にした官僚体制論」『文学』第四八巻第五号　一九八〇年
花谷　浩「寺の瓦作りと宮の瓦作り」『考古学研究』第四〇巻第二号　一九九三年

早川和子『よみがえる日本の古代―旧石器～奈良時代の日本がわかる復元画古代史―』小学館　二〇〇七年
福山敏男『日本建築史の研究』桑名文星堂　一九四三年
藤沢一夫「造瓦技術の進展」『日本の考古学Ⅳ』河出書房新社　一九六七年
松田真一・近江俊秀「毛原廃寺の研究―基礎資料の集成と若干の考察―」『考古学論攷』第一五冊（奈良県立橿原考古学研究所）一九九一年
森　郁夫「古代における同笵・同系軒瓦」『日本古代寺院造営の研究』法政大学出版局　一九九八年
森蘊・牛川喜幸・伊東太作「東大寺山堺四至図について」『奈良国立文化財研究所年報　一九六七』一九六七年
矢野建一「「井真成墓誌」と第一〇次遣唐使」『遣唐使の見た中国と日本―新発見「井真成墓誌」から何がわかるか―』朝日新聞社　二〇〇五年
山崎信二「藤原宮造瓦と藤原宮の時期の各地の造瓦」『文化財論叢Ⅱ』同朋舎出版　一九九五年

著者略歴

一九四一年　青森市に生まれる

一九六六年　東北大学大学院文学研究科修士課程修了

奈良国立文化財研究所主任研究官、滋賀大学教授、明治大学大学院特任教授を経て

現在　滋賀大学名誉教授、博士（文学）

〔主要著書〕

『日本古代寺院造営氏族の研究』（東京堂出版、二〇〇五年）

『古代近江の三都』（サンライズ出版、二〇二一年）

『古代宮都と地方官衙の造営』（吉川弘文館、二〇二二年）

『平城京の役人たちと暮らし』（吉川弘文館、二〇二三年）

奈良時代の大造営と遷都
宮都と寺院の実像を探る

二〇二四年（令和六）十二月二十日　第一刷発行

著　者　小《お》笠《がさ》原《わら》好《よし》彦《ひこ》

発行者　吉川道郎

発行所　株式会社　吉川弘文館

郵便番号一一三—〇〇三三

東京都文京区本郷七丁目二番八号

電話〇三—三八一三—九一五一〈代表〉

振替口座〇〇一〇〇—五—二四四番

https://www.yoshikawa-k.co.jp/

組版＝文選工房

印刷＝藤原印刷株式会社

製本＝株式会社ブックアート

装幀＝河村　誠

ISBN978-4-642-08464-2

小笠原好彦著

古代豪族葛城氏と大古墳　四六判・二〇八頁〈僅少〉二二〇〇円

平城京の役人たちと暮らし　四六判・二三二頁　二三〇〇円

聖武天皇が造った都　難波宮・恭仁宮・紫香楽宮（歴史文化ライブラリー）　四六判・二八八頁〈僅少〉一八〇〇円

検証　奈良の古代遺跡　古墳・王宮の謎をさぐる　A5判・二二二頁　二二〇〇円

検証　奈良の古代仏教遺跡　飛鳥・白鳳寺院の造営と氏族　A5判・二一六頁　二二〇〇円

日本の古代宮都と文物　A5判・四一六頁〈僅少〉一一〇〇〇円

古代宮都と地方官衙の造営　A5判・四〇〇頁　一一〇〇〇円

吉川弘文館
（価格は税別）